Julius Euting

Sinaïtische Inschriften

Julius Euting

Sinaïtische Inschriften

ISBN/EAN: 9783743338043

Hergestellt in Europa, USA, Kanada, Australien, Japan

Cover: Foto ©ninafisch / pixelio.de

Manufactured and distributed by brebook publishing software
(www.brebook.com)

Julius Euting

Sinaïtische Inschriften

SINAÏTISCHE INSCHRIFTEN

VON

JULIUS EUTING.

HERAUSGEGEBEN MIT UNTERSTÜTZUNG DER KÖNIGLICH
PREUSSISCHEN AKADEMIE DER WISSENSCHAFTEN.

MIT 10 AUTOGRAPHIRTEN TAFELN.

BERLIN
DRUCK UND VERLAG VON GEORG REIMER
1891.

DEM ANDENKEN

DER FRAU

MARIE GRUNELIUS GEBORENEN KÖCHLIN

AUF KOLBSHEIM

IN DANKBARER VEREHRUNG GEWIDMET

VON

JULIUS EUTING.

Einleitung.

Die hochherzige Dame, deren Andenken diess Buch gewidmet ist, hat mich im Frühjahr 1889 eingeladen, sie auf einer Reise nach Oberägypten und ins Ostjordanland zu begleiten; sie hat mich auch in den Stand gesetzt, eine Reise durch die Sinaïhalbinsel auszuführen, deren epigraphische Ergebnisse ich im Nachstehenden vorlege.

Die Reise an den Sinaï, zu welcher sich mein Freund Dr. Vollers aus Cairo als willkommener Genosse angeschlossen hatte, dauerte vom 23. März bis 9. April 1889, und zwar von Suez mit Segelboot nach Tûr. Von da Ausflug an den Gebel Nâḳûs, dann durch den Wâdi Slê' zum Katharinenkloster. Der zweitägige Aufenthalt im Kloster wurde zur Durchforschung des Wâdî Lêdscha' verwendet. Der Weg nordwestwärts führte über den Naḳb el-hâwi in das obere Ende des Wâdi esch-Schêkh, und dann hinab in den Wâdi Fêrân. Aeusserst ergiebig war die Inschriften-Ausbeute im Wâdi 'Aléjjât und im Wâdi 'Âdschele, die sich gegen den Gebirgsstock des Serbâl hinaufziehen, dann die bekannten Fels-wände im Wâdi Mukâtteb. Im Wâdi Maghârah sowie in der Budrah war nur wenig zu holen. Der Heimweg ging über Ra's Abu Zenimeh, Wâdi Tâjjibeh und den flachen Küstenstrich nach Suez zurück.

Da ich in meiner Zeit etwas eingeschränkt war, habe ich nicht besucht den Wâdi Hebrân, Wâdi Locheân, Wâdi Zachera, Wâdi Sidr, von wo Lepsius und Lottin de Laval manche bemerkenswerthe Inschrift heimgebracht haben. Ich zweifle jedoch, ob damit alle Fundstellen nabatäischer Inschriften auf der Sinaï-Halbinsel erschöpft gewesen wären, ich glaube im Gegentheil, dass in eine Menge anderer Thäler, die nur zufällig kein Europäer bis jetzt besucht, sich ähnliche Denkmäler finden dürften.

Die Zahl der von mir abgeschriebenen nabatäischen Inschriften beträgt etwa 700, und wird nur annähernd von Lottin de Laval erreicht, während die anderen Sammler erheblich dahinter zurückbleiben.

Der Werth der von meinen Vorgängern gelieferten Abschriften wird bedeutend durch den Umstand gemindert, dass die Abschreiber sammt und sonders kaum eine Ahnung von der Bedeutung der Buchstaben hatten. Es ist darum gar nicht zu verwundern, dass ihre Abschriften oft ganz sinnlos sind, weil sie bei den durch und in einander hineinlaufenden Inschriften zum Theil falsch abgetheilt, Zusammengehöriges zerrissen und zu Trennendes vereinigt haben. Wo eine Einmeisslung nicht ganz klar und unzweideutig ist, haben sie mitunter die tollsten Phantastereien geliefert. Eine Identification der Texte ist dadurch sehr erschwert, oft geradezu unmöglich gemacht. Umgekehrt haben diejenigen, welche sich paläographisch und sprachlich mit den Inschriften abgegeben haben, nicht den Vorzug genossen, aus Augenschein über das, was dasteht, urtheilen zu können, sondern waren eben auf jene immerhin mehr oder minder zweifelhafte Quellen verwiesen.

Die zuverlässigsten Abbildungen sind bisher die von Grey und Lepsius gewesen, während bei Lottin de Laval grössere Vorsicht geboten ist. Paläographisch sind die Inschriften erschlossen worden durch Beer, sprachlich durch Tuch, fernerhin durch Blau, Levy, Meier.

Um der Vollständigkeit willen sei hier eine Bibliographie der Sinaïtica (Abbildungen und Bearbeitungen) aufgestellt, mit Ausschluss der vielen Schriftsteller, die überhaupt nur das Vorhandensein der Inschriften erwähnen.

Kircher, Athanasius, Prodromus coptus. Romae 1636. 4º. (S. 204 bis 206 eine unbrauchbare Copie.)

Eneman, Michael, Resa i Orienten 1711—1712. Utg. af K. U. Nylander. I. II. Upsala, W. Schultz 1889. 8º. (II. S. 41. 295 eine Inschrift.)

Pocock, Richard, Beschreibung des Morgenlandes Erlangen 1754—4º. Band I. S. 256 und Pl. LIV. LV.

Montagu, E. W. An account of a Journey from Cairo to the written mountains in the Desert of Sinaï (1 Pl.), siehe: Philosophical Transactions Vol. LVI for the year 1766. London 1768. 4º.

Coutelle et Roziere siehe: Description de l'Egypte. Antiquites T. V. Pl. 57 folio.

Seetzen, U. J., siehe: Fundgruben des Orients. Bd. II. Wien 1811. folio, die Tafel zu S. 474.

Rüppell, Ed., siehe: Fundgruben des Orients. Bd. V. Wien 1816. fol. S. 131 und Tafel.

Burckhardt, J. L., Reisen in Syrien u. s. w., herausgegeben von W. Gesenius. I. II. Weimar 1823. 8°. (Band II. Seiten 785. 792. 929. 964. 970 und Tafel 4.)

Grey, G. F., Inscriptions from the Waady el Muketteb or written valley copied in 1820. 2 Seiten Text und 14 Tafeln. Siehe: Transactions of the royal Society of Literature. London 1832. 4°. Vol II. P. I p. 147 f.

Laborde, Léon de, Voyage de l'Arabie Pétrée. Paris 1830. fol., Pl. X.

Beer, E. F. F., Studia asiatica. fasc. III: Inscriptiones veteres litteris et lingua hucusque incognitis ad montem Sinaï magno numero servatae. fasc. I cum tabulis lithogr. XVI. Lipsiae 1840. 4°.

(Vgl. die Recension von Credner in den Heidelberger Jahrbüchern 1841. S. 908 ff.)

Lepsius, K. Richard, Denkmäler aus Aegypten. VI. Abth. Band XI). Tafel 14—21. gr. folio.

Newbold, Capt., Visit to mount Sinaï, siehe: The Madras Journal of lit. and science 1847. Vol. XIV. No. 35. p. 47—73.

Tuch, Fr., Ueber eine sinaïtische Inschrift, siehe: ZDMG II (1848). S. 395—397.

Tuch, Fr., Einundzwanzig sinaïtische Inschriften. Versuch einer Erklärung, siehe: ZDMG III (1849). S. 129—215.

Hogg, John, Remarks on the sinaïtic inscriptions, siehe: Transactions of the roy. Society of Literature. London 1850. 8°. II. Ser. Vol. III. 183 ff.

Hogg, John, Further notice respecting the sinaïtic inscriptions, siehe ebendaselbst Vol. V p. 33—58 (1 Pl.²). London 1856.

Forster, Charles, The one primaeval language. London 1851. 8°.

---

¹ Bei dieser Gelegenheit sei auf die, wie mir scheint, kaum je beachtete prachtvolle nabatäische Inschrift aus Petra aufmerksam gemacht, die sich, nachdem wir nun die Inschriften aus el-Hegr kennen, nahezu vollständig lesen lässt.

Forster, Charles, The israelitish autorship of the sinaïtic inscriptions. London 1856. 8°.

Lottin de Laval[*), Voyage dans la péninsule arabique du Sinaï et l'Egypte moyenne. Paris 1855—59. 4°. 1 Band Text und 1 Band Atlas (80 Tafeln).

Porphyr Uspenski, Письмена книги маноби на синайскихъ утесахъ. St. Petersburg 1857. 8°. 147 Seiten mit Holzschnitten.

Porphyr Uspenski (Reise an den Sinaï, russisch, mit Atlas, St. Petersburg 1856?, konnte ich mir nicht verschaffen).

Lenormant, Fr., Sur l'origine chrétienne des inscriptions sinaïtiques, siehe: Journal asiatique 1859. I. 1—58 und 194—214.

Lenormant, Fr., Deux mots sur les inscriptions sinaïtiques, siehe: Journal asiatique 1861. II. 263—270.

Levy, M. A., Ueber die nabatäischen Inschriften von Petra, Hauran, vornehmlich der Sinaï-Halbinsel und über die Münzlegenden nabatäischer Könige, siehe: ZDMG XIV (1860) S. 363—484 und Tafel 1—4.

Blau, O., Ueber nabatäische Inschriften, siehe: ZDMG XVI (1862) S. 331—388.

Meier, E., Ueber die nabatäischen Inschriften, siehe: ZDMG XVII (1863) S. 575—645.

Sharpe, Samuel, Hebrew inscriptions from the valleys between Egypt and Mount Sinaï. London 1875. 8°. (20 Pl.)

Bénédite, G., Rapport sur une mission dans la Péninsule sinaïtique, siehe: Journal asiatique 1889. II. 364—373.

Die bei Beer S. XI erwähnten 6 autographirten Tafeln von Lord Prudhoe and Major Felix habe ich nicht gesehen, ebenso wenig die des Egmont van der Nyenborg, auch nicht Henniker, Notes.

Ueber meine eigenen Abschriften habe ich zu bemerken, dass dieselben wohl ziemlich genau die Form der einzelnen Buchstaben wiedergeben, nicht aber ängstlich die krummen Zeilenrichtungen einhalten, in welche die Verfertiger aus Ungeschicklichkeit oder Faulheit verfallen sind. Ich glaube, die

_____

[*) Vgl. Comptes rendus de l'Acad. des Inser. 1876 p. 45: „M. Camille Rieque soumet par lettre à l'Académie la traduction des estampages en plâtre rapportés par M. Lottin de Laval de son voyage au Sinaï." Von dieser Uebersetzung scheint aber nichts gedruckt worden zu sein.]

Zuverlässigkeit der Abbildung hat dadurch nicht gelitten. Zu den Inschriften habe ich ausser der Umschreibung*) auch eine Uebersetzung gegeben, während meine Vorgänger sich die letztere erlassen haben. Nicht als ob ich meiner Sache in jedem Punkt durchweg sicher gewesen wäre, oder für die Richtigkeit der jedem Eigennamen gegebenen Vocale überall einstehen wollte, aber auf die Gefahr hin, einstweilen viele Fragezeichen setzen zu müssen, oder von Andern später eines Besseren belehrt zu werden, wollte ich meine Bearbeitung doch in einer Form bieten, dass auch Andere als die ausschliesslichsten Fachgenossen, davon noch einen Nutzen ziehen könnten. Für die Richtigstellung der arabi-schen Namensformen, sowie für den Nachweis des Vorkommens dieser Namen in der arabischen Literatur habe ich mich (wie schon früher bei den nabatäischen Inschriften aus el-Hegr) der Beihülfe meines Freundes Th. Nöldeke zu erfreuen gehabt, dessen Bemerkungen und Zusätze zu meinem Manuscript ich im Wort-laut mitgetheilt und durch N: .--- kenntlich gemacht habe. Die Eigennamen zeigen — wie schon von vornherein zu erwarten steht — in überwiegender Mehrzahl arabische Form, seltener aramäische; einige wenige sind jüdisch (siehe 414); andere mögen Fremdwörter sein. Viele derselben sind auch sonst auf nabatäischem Boden bekannt, manche aber und sogar sehr häufig auftretende, einstweilen nur hier am Sinaï belegbar z. B. ܕܕܕ Buraiʿu, ܕܕܕ Biṭāsu, ܕܕܕ, ܕܕܕ Ḥiršu, Ḥarišu, ܕܕܕ Ausu, ܕܕܕܕܕ Garmʾalbaʿli und dergl. wie im Ein-zelnen aus dem Wort-Register am Schlusse ersehen werden kann.

Die Gruss- und Gedenkformeln sind sehr mannigfaltig. Das Ge-wöhnlichste ist ܕܕܕ ܕܕܕ oder auch ܕܕܕ ܕܕܕ ܕܕܕ. Selten wird der Gruss nach-gesetzt ܕܕܕ ...... 654; es finden sich aber auch vollere Formeln, z. B. ܕܕܕ ܕܕܕ 22, > ܕܕܕ ...... ܕܕܕ 449, ... ܕܕܕ ܕܕܕ Y 446, ܕܕܕ ܕܕܕ ...... 71, ... ܕܕܕ ܕܕܕ ܕܕܕ 169, 170, 196, 518, 523, 606, 649, ܕܕܕ ܕܕܕ ...... 675, ... ܕܕܕ ܕܕܕ ܕܕܕ ܕܕ ܕܕܕ 498; blosses ܕܕܕ ...... 614; statt ܕܕܕ kommt einmal das arabische ܕܕܕ خير vor.

Einfaches ...... ܕܕܕ ܕܕ 83; und ܕܕܕ ... ܕܕ sind äusserst gewöhnlich; je einmal kommt vor ܕܕܕ 596 und Plurális ...... ܕܕܕ 629; daneben aber zahl-reiche Variationen, wie ...... ܕܕܕ ...... ܕܕܕ 199, am Schlusse ܕܕܕ ...... 604; ... ܕܕܕ ܕܕܕ 189, 547, ܕܕܕ ...... ܕܕܕ 645, ܕܕܕ ܕܕܕ ...... ܕܕܕ 304, (395,) 569, 617, 624, ܕܕ ܕܕ ...... ܕܕܕ ܕܕܕ ܕܕܕ 186, ܕܕܕ ܕܕܕ ...... ܕܕܕ 6, ... ܕܕ ܕܕܕ ܕܕܕ

---

545. [illegible] 585. [illegible] 667. [illegible] 11. (382). [illegible] 397; dann: [illegible] 381^a. 388. 394^a. 406. 414. 423. 454^a. 607. 608. 623. [illegible] 644. [illegible] 393. 394.

Beigeschriebene Zeichen*) theils am Anfang, theils am Schlusse der Inschriften finden sich in mannigfacher Art, z. B.

Y 43. 201. 227. 344. 348. 415. 429. 490. 504. 524. 528. 544. 658. 366. 383. IY 98. ⊦ 190. (24?) 31. 196. Ч 324. 365. 523. Y 446. ⊮ 32. ४ 498. ʒ 512. V 157. 400. 516. 586. 603. 660. Y/ 215. ⊦Y 465. Ψ′ 226. ҳ 314. Y⊦ 326. ♀ 14. 154. oYo 477. ˻ 240. o 321. ∖ 519. λ 388. > 492. 657. V′ 362. > 449. 507. — 45^a. 50. 54. 57. 58. 336. 364. 543. X 652. 671.

Ueber die Urheber jener Inschriften sind die verschiedensten Meinungen aufgestellt worden. Seit Cosmas dem Indienfahrer, durch das ganze Mittelalter herunter, war sehr beliebt die Ansicht, dass die Felsinschriften der Sinaïhalbinsel von den Israeliten herrühren aus Anlass ihres vierzigjährigen Aufenthalts in der Wüste. Anhänger dieser weder paläographisch, noch sprachlich haltbaren Meinung, dürften wohl hauptsächlich nur in England (wo Forster**) zuletzt als ihr Hauptverfechter auftrat) und in Amerika gefunden werden. Andere wollten sie auf fromme Pilger zurückführen, die zum Sinaï wallfahrteten. Dagegen spricht jedoch der Umstand, dass die Fundstellen nur im Wâdi Mukátteb mit einer Pilgerstrasse (Strasse cum grano salis!) sich decken. Wie kämen auch die Pilger dazu, bei gewiss mancher Pein des ungewohnten Reitens, nebenher noch in so schwer zugänglichen Schlupfwinkeln herumzuklettern, um ihre Namen mühsam einzumeisseln, und etwa dahin verirrte Bekannte zu grüssen? Darum — so meinten Andere — könnten es nur Hirten sein, die mit ihrem Vieh in den abgelegenen Schluchten waideten, und in der Langeweile neben rohen Thierbildern auch ihre eigenen Namen der Nachwelt überlieferten. Ich frage aber wohl mit Recht, woher konnten denn gerade diese nabatäischen Hirten schreiben? Schreiben und gar Vielschreiben ist doch sonst nicht Sache der Hirten. An durchziehende Karawanen zu denken, ist ebenfalls unmöglich; diese würden keine so unsinnigen Umwege oder Unwege wählen. Was bleibt also? — Für

*) [illegible] Nabat. Inschriften S. 18 und R. Duval im Journal asiatique 1890, I, 180 f.

Beantwortung der Frage nach den Urhebern jener Inschriften handelt es sich
darum, eine Klasse von Menschen zu finden, die

1° nabatäisch schreiben konnten.

2° denen das Schreiben offenbar ganz geläufig war, und die höchstens in der Uebertragung der Schrift auf Stein einige Schwierigkeit
fanden.

3° die eine Veranlassung hatten, alle Thäler des Gebirges, auch die
verzweifeltsten Sackgassen derselben aufzusuchen.

Zum Verständniss des dritten Punktes wird derjenige leicht gelangen,
der die Lebensbedingungen der Kameele kennt, und längere Zeit selbst unter
den Beduinen gelebt hat. Ein ächter Beduine wird für sein Kameel von dessen
Geburt bis zu seinem Tode, unter gewöhnlichen Verhältnissen, an Nahrung nicht
die geringste Ausgabe machen; er sucht es stets in einer Gegend zu halten,
wo es sein Futter selbst sucht und findet. Aber nach besonderen längeren Au-
strengungen verlangt und bedarf das Thier sowohl Ruhe, als auch möglichst
reichliche Nahrung. Nach einem Raubzug oder nach einem Karawanenmarsch
von drei Monaten muss ein Kameel, das nicht künstlich gefüttert wird (sei's
mit Grünfutter oder Gerste, oder gar Mehl) mindestens ebenso lang frei in der
fruchtbaren Wüste laufen und dort ruhig fressen dürfen. Bevor nicht sein
Höcker wieder hart geworden ist, kann es nicht wieder gebraucht werden. Man
lässt also die Thiere, besonders im Frühjahr, möglichst weit sich zerstreuen,
um das ganze Waidegebiet auszunützen. Auf unsern Fall angewendet: Im Alter-
thum bewegte sich der indisch-westasiatische Handel — wie sich mit der Zeit
im Einzelnen noch viel bestimmter wird nachweisen lassen s. T. 40 — von der
Südspitze Arabiens, parallel dem rothen Meere landeinwärts in einem Abstand
von 5—6 Tagreisen von der Küste, nach Norden, und zwar die erste südliche
Hälfte unter der Hut und Leitung der Himjaren bis nach el-'Oela, die zweite
nördliche Hälfte in den Händen der Nabatäer von el-'Oela bezw. el-Hegr bis
Petra, der Hauptstadt der Nabatäer. In Petra theilten sich die Karawanen einer-
seits nach Gaza und Alexandria, andererseits nach Damascus und in der Fort-
setzung nach Byzanz. Alle diese Waaren wurden zu Kameel befördert. Jeweilig
müssen also Tausende von Kameelen ruhe- und futterbedürftig aus dem Kara-
wanengang ausgeschaltet und in passende Waideplätze verschickt worden sein, bis
sie wieder leistungsfähig waren. Die Hauptplätze waren aber für die Nabatäer die
Sinaihalbinsel, und — wie ich einstweilen zu vermuthen wage — die Wüste von

Beerseba[?]. Mit den Thieren gingen aber nicht nur Dutzende von Kameeltreibern, sondern auch eine Anzahl Kaufleute, die sonst als Schreiber und Rechnungsführer bei den Karawanen beschäftigt, eben jetzt dienstfrei geworden, zugleich mit den Thieren ihre kosten- und sorgenlose Vakanz feierten. Und das sind eben die Urheber jener Inschriften. So allein erklärt sich der Fundort der Inschriften: an den besten Waideplätzen, so erklärt sich auch, warum ein und derselbe Mann seinen Namen an den allerverschiedensten Theilen der Halbinsel einschreibt (s. zu No. 51. 161), warum er ihn auch neben einander zweimal einschreibt, nämlich nicht gleichzeitig, sondern in verschiedenen Jahren (s. No. 197. 244. 245).

Was die Zeit betrifft, in welcher jene nabatäischen Inschriften eingemeisselt worden sind, so enthalten nur wenige derselben chronologische Angaben, nämlich No. 457 „im Jahre 106" der Aera von Bosra, welches ist gleich dem Dreikaiserjahr d. h. 210—211 n. Chr., sodann nach derselben Aera No. 463 „im Jahre 85 der Eparchie, in welchem die Araber das Land verwüsteten", d. h. im Jahre 189/190 n. Chr. Eine weitere Zeitangabe, No. 319 „im Jahre 126 [?]" = 230/231 n. Chr., sowie die Inschrift bei Grey 83 (siehe zu 223²) „im Jahre 40 der . . . ." sind nicht ganz deutlich.

Als Kennzeichen für das Alter bleibt also nur noch die Vergleichung mit den sonstigen datirten und wohlerhaltenen nabatäischen Inschriften z. B. aus el-Hegr, aus dem Haurän und Dumêr. Man wird, wenn man die auf Tafel 38 u. 39 zusammengestellten ausserordentlich mannigfaltigen Formen vergleicht, kaum fehlgreifen, wenn man als Spielraum die Zeit vom 1.— 6. Jahrhundert annimmt. Denn die jüngsten Formen sind, wie klar zu sehen, bereits mehr oder minder genau dieselben, wie sie von den Arabern in der ersten Zeit ihres Schriftthums übernommen und angewendet worden. Darum sind die nabatäischen Inschriften vom Sinai wohl die allerlehrreichsten, weil sie den unmittelbaren Uebergang der nabatäischen in die früharabische Neskhischrift aufweisen. — Was ich bei der vorliegenden Veröffentlichung am meisten beklage, ist der Umstand, dass es mir nicht gelungen ist, meinen Freund Prof. Dr. Karabacek in Wien zur Stiftung einer Columne ältester arabischer Schriftformen aus den Papyrussen der Sammlungen des Erzherzogs Rainer zu vermögen: meine Uebersicht der Schriftformen hätte dadurch nicht nur eine Zierde, sondern überhaupt einen ganz andern Werth bekommen.

Strassburg i. E., im März 1891.   Julius Euting.

[1] würde [es] ... war nicht wundern, wenn eines Tages ein kühner Reisender aus dieser gefahr... Gegend ... Morgen nabatäischer Inschriften nach Europa brächte.

I. Inschriften am Gebel Nâḳûs bei Ṭûr

(No. 1—2?).

Die Hafenstadt für das Kloster auf dem Sinai heisst bei den Arabern Ṭûr, bei griechischen Schriftstellern *Pʿaïthoû* (*Poïthiroi*, Ptolem.), bei den griechischen bezw. russischen Pilgern *Pʿaïthei* (Raifa), welcher Name auf eine altägyptische Form mit der Bedeutung „Thor des Windes" zurückgeht. Sie wird als Residenz eines Beduinenfürsten erwähnt, welcher Einfälle auf ägyptisches Gebiet machte. Heutigen Tags weist sie keine bemerkenswerthen Alterthümer auf. Eine halbe Stunde von der Stadt befinden sich die Trümmer eines verlassenen Bades (Ḥammâm Mûsâ) mit lauer Quelle. Der drei Stunden im N.W. der Stadt liegende Gebel Nâḳûs (*Glockenberg*) hat die Aufmerksamkeit verschiedener Reisenden auf sich gezogen, und wegen seines „klingenden Sandes" schon viel Schreiberei verursacht. Mich haben nur die paar Inschriften dorthin geführt, welche sich am Fusse des Berges neben einigen Höhlen oder künstlichen Kammern und auch sonst an den Felswänden eingemeisselt finden. Wegen der Weichheit des Sandsteins sind die meisten verwittert und unleserlich geworden.

1   שלם שׁיע שׁם‏   *Gruss. Gru[ss]*.

2   שׁמרך בר חרישׁ   *Šamraikh der Sohn des Ḥarîšu*.

חרישׁ‏ ‏خَرُوش‏ und خَرُوش‏. „*Palmzweig*" oder „*Blässe*" auf der Stirne eines Pferdes. N: „Ein Chârigî heisst‏ خَرُوش بن أحمد‏‏ عبد‏" Qâmûs.‏

חרישׁ‏ N: „Da Lepsius 96 *Louos*, so ist wohl‏ خَرِيس‏ gemeint;‏ خَرِيس‏ und‏ خُرَيْس‏ sind mehrfach zu belegen."

2   mir unverständlich.

2'   *Irenios] Ananias.*

2   ziemlich deutlich erhalten; aber =? Ziffern?

2⁴   kufisch: علي بن احمد بن يوسف العواٍى ـٮلد ٮمف

      'Ali der Sohn des Ahmad Sohnes des Jûsuf al-'Awâfi vertraut auf Gott.

2   *Δουάσκιος ...αιε ς]*   *der Geistliche Damaskios*

      ...ινιος 'ιεω   *[der Sohn? des] Priesters Hyaki[n-*

                                                    thos].

II. Inschriften aus dem Wâdi Slê'

(No. 3—15).

Von Ṭûr zum Sinai führen vornehmlich zwei Wege, der eine über Nord nach Osten durch den Wâdi Hebrân, der zweite über Ost nach Norden durch den Wâdi Slê'. In beiden finden sich nabatäische Inschriften. Um der Grossartigkeit der Landschaft willen wählte ich den zweiten. Nach fünfstündigem Ritt durch die trostlose Ebene Ḳâ'a steigt man hinab in ein tiefes Bachbett, dann vorwärts im Geröll dem mächtigen Felsenthor des Wâdi Slê' entgegen. Auf der rechten Seite am Eingang der Schlucht 'Udd (عُدّ) finden sich die nachstehenden Inschriften.

3   שלם אלמבכרו   *Gruss! Almubakkaru*

             בר עמיו   *der Sohn der 'Umajju.*

אלמבכרו] *Αμοβαχχαρον* (Genitiv) bei Lepsius 86, wird von den Meisten gefasst = المبقّر (von بقر "Rinderhirt", ähnlich gebildet wie المكلّب "der die Hunde zum Jagen abrichtet". N. "Dass مبقّر "Rinderhirt" sei, bezweifle ich noch etwas. المبقّر bietet keine genaue Analogie, denn das heisst "sich mit Hunden speciell abgebend" eigentlich "[erst] zu [rechten] Hunden machend". Trotz des ε in *Αμοβαχχαρον* möchte ich المبقّر sprechen, das = البُقير Ibn

Doreid 175 wäre „der seiner Mutter aus dem Leib geschnitten ist" (Caesar nach der üblichen Deutung). Auch بقر heisst „den Leib aufschlitzen" Diw. Hudh. 225. 6. Das ت macht mir aber doch gelinde philologische Gewissensbisse.'

نميو] wird gewöhnlich als eine Diminutivform zu اعمى angesehen. N: Ἀμαιος Leps. 92, Ανωος 96, Αυεος Enting 342 wie auch ΑΛΛΕΟϹ Leps. 76 herzustellen, stimmen alle nicht zu einer Diminutivform. Auch Αμου 259 nicht. Das wäre Ομος, Ομος. Die grammatische Form ist mir dunkel; arabisch ist der Name, wie das ' zeigt. Ein (mythischer) Name عُمَى ist allerdings im Qâmûs angegeben.'

4   שׁלם קינו בר ברה גמילו
Gruss! Kainu, Der Sohn seines Sohnes Gamila.

קינו] קֵן. biblisch, قَيم.

נמילו] unsicher; wenn richtig, dann = جميل (N.).

5   ו ואלו רביר   *Es werde gedacht des Wâ'ilu und*
. . . . .
. . . . .
. . . . .

ואלי] wie وائل, der z. B. als Stammvater der Bekr und Taghlib genannt wird und auch als Individualname bezeugt ist (N.).

6   רביר שׁמרח בר   *Es werde gedacht des Šamrikh des*
            צעבו בטב לעלם   *Sohnes des Sa'bu in Gutem in Ewigkeit.*

צעבו] صعب Ibn Dor. 29 (N.).

7   רביר זידו בר   *Es werde gedacht des Zaidu des Sohnes*
            ואלו בטשׁו   *des Wâ'ilu [des Sohnes des] Bitaišu.*

Zwischen dem zweiten und dritten Glied ist בר unterdrückt wie dies auch im Palmyrenischen ganz gebräuchlich ist.

בטשׁו] بَطَش „muthig" und مبطش Namen im Qâmûs (N.).

8   שׁלם אלברוו בר א[ו]שׁאל]   *Gruss! Albaraju (??) der Sohn des*
            בעלי בטב   *Afas'alba'li, in Gutem.*

1*

אלהי] sehr unsicher; vielleicht ist אלהי Alḥajju zu lesen. N: حُيِّ Ibn
Dor. 193. Ḥamâsa 296, 16.·

9ᵃ   שׁ[לם] · · · · · · · · · בר דאבו בט:ב]
         Gruss! . . . . Sohn des Dîʿbu in Gutem.

دَئِب :N   N: Ausserdem kommen noch ذاب und ذوَاب in Frage.·

       [גר[מלהי ברה   *. . . Garmallâhi (?) sein Sohn (?).*

       קרחו בר חרשו   *Kârihu (?) der Sohn des Ḥirśu.*

       עודו בר קרחו   *ʿAudu der Sohn des Kârihu.*

קרח. N: vgl. القَرِح und biblisch קֹרַח, auch קֹרֶ.·

חרש] N: Eggoor 596, 486 weist entschieden auf حِرش hin, das ich
allerdings nicht kenne.·

עידו] *Aëdos* Lepsius 86, عيذ.

10   שלם חלצת בר עבדאלבעלי בטב
         · · · · · · · · · ·

       Gruss! Khalîsat der Sohn des ʿAbdʿalbaʿli in Gutem . . . . .

חלצת vgl. Euting. Nabat. Inschr. No. 70, S. 20. N: Es wird خلصة sein
(nicht als Name bekannt).·

11   אושׁו בר זידו   *Ausu der Sohn des Zaidu*
         דביר וברך   *bleibe in Erinnerung und gesegnet.*

אושׁ] أوس nicht im Sinne von „lupus" sondern „Gabe" neben dem Diminutivum אושׁי äusserst häufig, auch in den Zusammensetzungen אושׁאלבעלי und
אבאושׁי, אושׁאלהי.

זידו] زَيد.

12   עיידו בר חליצו   *Ujaidu der Sohn des Khulaisu.*
         שלמי   *Salmijju (?).*

עיידו] nicht Aïdu (عَيذ, Aëdos) sondern Diminutivum عُيَيد.

שלמי?] N: Ich denke wirklich, dass es שׁלמי ist, das eine Nisba sein würde
سَلَمى, vgl. zu 544.·

13   וא‎לו בר   *Wâ'ilu der Sohn des*
                     גמלו בטב   *Gamalu, in Gutem.*

      נמלי] vgl. 419 mit dem Artikel אלגמלי. N: جمد Muḥammad b. Ḥabîb ﻦﻳ.

14   ף דביר אבאישו   *Es werde gedacht des Abu'auşu*
                בר הרשו ﺍ   *des Sohnes des Ḥiršu.*

15   שלם ודו בר נשעו בטב
      Gruss! Waddu der Sohn des Nṣaiqu in Gutem.

      ודו. N: Ουεδδον Waddington 1969. נ Wüstenfeld.

      נשעו: N: Νσαιηος Wadd. 2292ᵃ richtige Deutung von Wetzstein 197.
also zunächst als Diminutivum zu fassen. Im Arabischen kenne ich nichts das
hieher passte.

III. Inschriften aus dem Wâdi Lédscha'

(No. 16—65).

Der Wâdi Lédscha' läuft parallel mit dem Thal, in welchem das Katharinenkloster liegt, und ist von diesem nur durch den Gebirgsstock des Gebel
Mûsä getrennt. Im W. Lédscha' liegt eine Filiale des Katharinenklosters, El-
Arba'in genannt, inmitten wohlgepflegter Baumgärten. Die Inschriften ziehen
sich vom Ausgange des Thales bis zum steilen Ende der Schlucht hinauf, und
sind meist auf grossen zerstreut umherliegenden Felsblöcken eingemeisselt. Die
Spiegelung der Sonne auf den glatten Flächen machte mir mehrfach das Ab-
schreiben unmöglich. Es bleibt desshalb einem glücklicheren Nachfolger immerhin noch erkleckliche Ausbeute übrig.

16   שלם חרו בר מע[נו]   *Gruss! Ḥûru der Sohn des Ma'[nu].*
      חור. خور Ουγος.

17   · · · · ולוא · · · ·   *. . . .*
           וחלצו בר חלצו   *und Khâlişu der Sohn des Khalaişu (?)*
              בטב   *in Gutem.*

18

שלם עמין בר עלהתא

Gruss! 'Umajju der Sohn des ['Alhat?].

עידת unsicher vgl. 26. 67. 366. N: „Von der Wurzel عيد kenne ich keine Namen." Diese und die folgende Inschrift mag identisch sein mit Lottin 62. Burckhardt 15.

19 unleserlich; vielleicht שלישו wie 453; oder עמיו?

20
L. 65
B. 17

דכיר אבן קומו
בר עמרו בטב

Gedacht werde des Ibn Kaumu (?) des Sohnes des 'Amru in Gutem.

אבן קומו. Ibn Kaumu noch am wahrscheinlichsten. vgl. אבן קימו 128. N: „Von der Wurzel قوم kenne ich als Namen nur الجَعفر' Ibn Dor. 28." Graphisch wäre zur Noth auch möglich אבי קוי Ibn Kawijju. N: قُوَيّ ist mir als Name nicht bekannt."

21

שלם בריאו בר עמרו בר בריאו

Gruss! Burai'u der Sohn des 'Amru Sohnes des Burai'u.

בריא = BOPAIOC Grey Pl. 13. 4. BOYPEOC (Lepsius 87) ist, wie schon Tuch richtig gesehen hat, Diminutivum von بَرَأ: بُرَأ, البُرَيّ, نَيِّلَة ist nämlich nach Gauhari und Tāǧ el-'arūs „die erste *Nacht* eines Monats, so benannt nach dem Freiwerden des Mondes von der Sonne": Burai'u ist ein Kind am ersten eines Monats geboren. Νουμήνιος, phönikisch בריבעל.

22

שלם, שלם זידו בר עבדא לבעלן

Gruss! Gruss! Zaidu (?) der Sohn des 'Abd'alb[a'li].

23
L. 65
B. 22.1

שלם כלבו בר הביבו בטב

Gruss! Kalbu, der Sohn des Habibu (?) in Gutem.

Nach meiner Zeichnung scheint allerdings eher הבה dazustehen, ich vermuthe aber הביב, حبيب, besonders wenn ich Lottin Pl. 63. 1 vergleiche.

24

שלם מגדיו
בר אוסו

Gruss! Magdijju (?) der Sohn des Ausu.

מגדיו] ebenso 104. 112. 518. 571.

N: „Ich kenne als Namen مجد, مجيد, محجيد = بنو محجد المَحجد Ibn

Dor. 296. Das palmyrenische מגדת (Oxon. 1 spricht dafür, dass der Name zu مجد gehört; sonst könnte man auch an جد، جدي oder جذي denken. مجدي

„freigebig" wäre kein übler Name.·

25

B. 22,4

שלם פצי ואוֹשׁוּ *Gruss! Fāsi und Aufsu].*

פצי N: „Die specielle Form der Namen פצא, פצי, נפצא, פצי, נפצא, פצי sind nicht klar. פצי und פצי sind wohl identisch und nur verschiedene Schreibung desselben Namens, wahrscheinlich فصى oder فصى."

26

שלם שמרת בר שלתת

Gruss! Samrath der Sohn des Alath (?).

שלתת vgl. 18. 67. 366.

27

שלם נשׁוּ *Gruss! Nasaiqu*
בר פצי *der [Sohn des Fafsaiqu.*

28

Jer. 6,?

B. 22,5

שלם בלֹן בר בר דלצת
עֵימו בבב

Gruss! Kathu der Sohn der Sohn (?) des Khabsat
des Uuaimu (?) Gutnu.

Die verschiedenen Copien, welche von dieser Inschrift existiren, stimmen nicht überein. Die beiden von Burckhardt und von Porphyr Uspenski (bei Levy T. II, 1 B. C. u. Seite 402 f.) haben die zweite Zeile weggelassen; Lottin Pl. 63, 1 lässt von der ersten Zeile die zwei letzten Worte weg, welche allerdings auf dem Original etwas bei Seite gerückt sind. Zuerst wollte mir scheinen, es sei עֵימו בבב gemeint, ich glaube aber, es ist einfach ein nachträglich beigesetztes und verunglücktes בר דלצת, keinenfalls בר גדם.

עֵימו عويم. Diminutivum zu عوم oder عوم Auuas.

29. 30 unverständlich.

31

 Y שלם תק · · · *Gruss! Takiphu [Tákfho(?).*

تقف، oder تقف، oder ein Derivatum von نقف N.

32   ✓ שלם ואלו בר תפצא   *Gruss! Wâʼilu der Sohn des Tafsâ (?).*
תפצא] unsicher; der Punkt zwischen א-צ ist bedeutungslos. Lottin Pl. 63
Zeile 4 von unten hat eine sehr abweichende Copie.

32   שלם עמיו בר צובו   *Gruss! ʼUmajju der Sohn des Ṣûbu.*
Qâmûs. :صوب ابو قبيلة :N. التصوب [צובו

33   אושו בר מחיין ··   *Ausu der Sohn des Mḥ . . . .*
          · · · · · ·
          · · · · · ·
[מעדי ??]

34   שלם אושו בר עדי   *Gruss! Ausu der Sohn des ʼAdu.*

35   [שלם] שלם נשנבו בר אושאלבעלי
          [Gruss] Gruss! N-Š-N-K-J der Sohn des Ausʼalbaʼli.

נשנבו] so lese ich statt des unwahrscheinlichen נשלו und betrachte es
als abgekürzt aus נשכבה, worüber siehe zu No. 51.

36. 37   undeutlich.

38   שלם עבידו בר עדו   *Gruss! ʼUbaidu der Sohn des ʼAdu.*
عبيد [עבידו].

39   undeutlich vgl. Burckhardt 19.

40   *Credo in unum Deum et prophetas. J. B. Vincent Besançon 9 Mars 1868.*
Dunkler Bekenntnissdrang, mit schwarzer Farbe auf den „Moses-Stein"
(Hagar Mûsâ) gemalt; sehr erfreulich.

41   בראו בר אושו   *Buraʼu der Sohn des Ausu*
          בר אושאלה   *des Sohnes des Ausʼallâh*
          ואושאלה [ברה]   *und Ausʼallâh [sein Sohn].*
אوسايله), ohne Genitiv Jod, wie auch bei Grey 66. 132.

42   שלם כלבו בר נרמאלבעלי בכב
          Gruss! Kalbu der Sohn des Garmʼalbaʼli, in Gutem.
γαρμαλβελος Voguazßeios (Leps. 134).

43   Y שלם שלי אלחספו   *Gruss! Alkhassafa.*

אלחספו] der Name ist gesichert durch 262. 491. 521. 598

N: خصفة hat Qâmûs als Namen.

44   שלם עריני · · · ·   *Gruss! Uraina . . .*

45   שלם אלהיב · · · ·   *Gruss! Alh . . . .*

45ª undeutlich.

46   שלם עב · · · · · ·   *Gruss! Ab . . . . . . a*

47   שלם כלבו בר   *Gruss! Kalba der Sohn des*
         נרמאלבעלי   *Garmalba'li.*

47ª   הנא]נו בר   *Hana]nu der Sohn*
          פצי בר קינו   *des Fasi des Sohnes des Kajanu ?)*

48   שלם עטיב בר אישלבעלי   *Gruss! 'Attibu der Sohn des Ansalba'li.*

עטיב] Wenn diese Lesung richtig ist, dann würde der Name dem griechischen Αττειος bei Leps. 92 entsprechen; N: möglich wäre immerhin עתיב, dann = عتد oder عتيد.

אישלבעלי] mit unterdrücktem א des Artikels.

49   שלם שמרך בר נרימו   *Gruss! Samrâkh der Sohn des Gurgimu ?).*

נרימו] Diminutivum von נרמ 62. Abkürzung für נרמאל oder נרמאלבעל oder נרמלת N.

50   — שלם האבו א —   — *Gruss! Dâba A —*
         בר אתמו כתם ·   *, der Sohn des Atamnu in Gotem.*

Das א ist wohl zu tilgen.

האבו] ist Elativus, wie schon Tuch S. 157 bemerkt hat. N: داب ist allerdings nicht als Name bekannt, aber دبى, دبب.

51   שלם הגגו בר נסנכיה
   Gruss! Hagdahu der Sohn des N-S-N-K-J-H.

Ganz ebenso und von derselben kalligraphischen Hand im Wâdî 'Alejjât 190. 162 in der Form נכינו, ferner im Wâdî Hebrân bei Lottin Pl. 53, im Wâdî Salâf bei Lottin Pl. 60.

חנפי] = خنفل Colocpinthe, ein beliebter Eigenname bei den Nabatäern (früher fälschlich גדפי gelesen), vgl. חנפו in el-Hegr (Euting, Nabat. Inschr. No. 52 S. 17): gewöhnlich Mannsname, in No. 219 vielleicht auch Frauenname. N: خنفل ist als Name selten, Hamasa 165, 4 v. u., Qâmûs: حنفل بن حسين. aber خنفة häufig.

נשנכו] ein Eigenname, über dessen Aussprache und Ableitung ich keinen Aufschluss geben kann. An einen ägyptischen Namen (Nesoneh?, Nesanchi?) zu denken, geht nicht an; Erman lässt mir sagen, dass das etwa נשנכו heissen müsste. Er findet sich noch im W. Mukatteb 364ᵃ חרי בר נשנכו בר שמי. 604. 610 חרי בר נ[שנכ]ו בר חרי. im Wâdî Hebrân bei Lottin Pl. 54 בר נרהיבעלי. im Wâdî Zahara bei Lottin Pl. 67 נושנכו בר נשנכו בר (?) שמלי. שיו רבי רהבו בר נשנכו, am Serbâl copirt von Capitän A. H. Frazer s. bei J. Hogg in den Transactions of the royal Soc. of literature London 1856 H. S., Vol. V auf der Tafel als No. 3 zu S. 33—58; im W. Ledscha 35 in der abgekürzten (oder unvollkommen geschriebenen) Form נשנו; ferner auch in el-Hegr 8, 2, wie Nöldeke jetzt richtig bemerkt hat. Wenn es auch in der letzten Stelle als N. pr. fem. gebraucht ist, so geht doch aus den obigen Beispielen hervor, dass es noch häufiger Mannsname war.

52. 54—57. 59 griechisch.

53

שלם ביקני   *Gruss! Qaiau (?).*

ביקני wahrscheinlich ביני zu lesen, indem das Mem von שלם aus Versehen wiederholt worden ist. Eigentlich steht ביני da.

58

שלם נשנו בר   *Gruss! Gušanu der Sohn des (?)*
הנפושי   *. . . . . (?) und (?)*
עודו בר קרהי   *'Audu der Sohn des Kârihu (?).*
خبيل   *Khalil.*

נשנו vgl. נשנו Nehemia 6, 6 vgl. Vers 1. N: جنب (auch der alttestanentliche Araber שעוו wird שעוו geheissen haben). Die عبد haben im Nabatäischen das ⸱, sind da also Triptota.⸱

60   שלם חרשו   *Gruss! Hirsu.*

61   שלם הפריב   *Gruss! _____'*

הפריב unwahrscheinlich; Nöldeke meint, es sei vielleicht nur הריב zu lesen. عبد ist auch N. pr. m.

62   שלם נרסו בר נקבל   *Gruss! Garmu der Sohn des Nâḳilu.*

نقل Qâmûs N.; das scheinbare נקבל gibt keinen Sinn.

63   עמירת בר זידו   *'Amîrat der Sohn des Zaidu (?).*

עמירת N. pr. m. عمير, auch el-Ḥegr 19, 1. עמירת oder עמירת?

64   שלם ואל בר עמיו   *Gruss! Wâ'ilu der Sohn des 'Umajju.*

65   שלם ברגתו בר הנטלו

Gruss! Barghatu (?) der Sohn des Hanṭalu.

ברגתו N: Der Name ist unklar. برغوث Floh- wäre sehr wohl als Name denkbar, aber dann würde es ברגתו heissen. Ein Ort برغث Bekri nach Ibn Doreid) oder برغث Jâqut) in unbekannter Gegend bringt uns nicht weiter. Dass es eine Arabisirung von ברעתא Barate (palmyr. Inschrift von South Shields) = Baṟaθŋ, Wadd. 2703 d. i. „Sohn des [Gottes] 'Athê" wäre, ist kaum denkbar.

IV. Inschriften vom Naḳb el-Ḥâwi (el-Hawa)

im Norden der Ebene Râḥa (No. 66—68).

66   דכיר וחיו בר בטשו בטב

L. 2⸱   *Gedacht werde des Wâḥi'u des Sohnes des Baṭišu in Gutem.*

וחיו N: وحي Qâmûs. oder وحى Ibn Doreid 698. Derselbe Mann hat sich auch im Wâdi Lochean eingeschrieben bei Lepsius 164, 3.

67
L. 2⁰

שלם עלהת בר אושי בטב

Gruss! 'Alhat(?) der Sohn des Ausu in Gutem.

עירד] gesichert durch 366.

68
L. 2

שלם כלבו בר עמרו בטב

Gruss! Kalbu der Sohn des 'Amru [in Gutem].

عمرو [עמרו.

V. Inschriften vom Wâdi esch-Schêkh

(vom W. Ferân nach Osten sich hinüberziehend: an verschiedenen Stellen)

No. 69—87.

69
L. 5.

שלם חלצת בר עבדאלבעלי
בטב

*Gruss! Khâliṣat der Sohn des 'Abd'alba'li
in Gutem.*

עבדאלבעלי] Das Jod am Schlusse des Wortes deutlicher bei Lepsius 5.

69ᵃ

ואלו בר אושי   *Wâ'ilu der Sohn des Ausu.*

70
L. 4?

שלם ואלו בר הרישו   *Gruss! Wâ'ilu der Sohn des Ḥarišu.*

הרשו wahrscheinlich so, obwohl zunächst scheinbar היצ.

71

שלם אלמבקרו בר ואלו
בטב לעלם

*Gruss! Almubakkaru der Sohn des Wâ'ilu
in Gutem in Ewigkeit.*

72

שלם עבדעמרו   *Gruss! 'Abd'amru*
בר עתאלהי בטב   *der Sohn des Ghauṯ'allâhi in Gutem.*

עבדעמרו] عبد عمرو s. Nöldeke zu Euting. Nabat. Inschr. S. 32 f.

עתאלהי] غوث الله N: Abkürzung davon ist: עיר 199 und Euting.

Nabat. 25. 2. فَتَرَ *Tocrosi* Nomina propria von diesem Stamm finden sich auch im Sabäischen z. B. זרֻ und הלֻאי.

73

שלם אכברו
בר הובבל
· · · · בריד

Gross! Akbaru
der Sohn des . . . . .
Grad. . . . . . sein Sohn.

אכברי so wahrscheinlich zu lesen statt אכבה.

הריד unsicher und unverständlich.

74—76

שלם חרישו בר חליצת
בר יאלו בר אניאא

Gross! Harisu der Sohn des Khalisat des Sohnes des Wâïdu des Sohnes des N'a.

אניא أعنى Wüstenfeld.

77

שלם עבדאלבעלי
בר עבנת

Gross! 'Abd'alba'li der Sohn des Ghâbbat . . .

עבנת auch 158 غبنة N: ich finde keine Namen von عبنة oder عبنة.

78

שלם חרקלו
בר עבדו בר אויש

Gross! Harqalu der Sohn des 'Ubaidu des Sohnes des Ausu.

חרקל جرجل *Heuschrecke* vgl. 525. 527. N: als Name kenne ich nicht جرجل.

79

שלם נמרת בר ברמא
בר גרמאלהי
· · · · · ·

Gross! Namrath der Sohn des B-R-M- des Sohnes des Garm'ollahi.

ברמא N: = برم Muh. b. Habib 51. Man müsste dann annehmen, dass das ב auch im Nabatäischen schon zum Theil zu ם geworden wäre.

ברמא N: ist mir recht zweifelhaft.

80　　　　　שלם עבדאהי בר　　　*Gruss! 'Abd'aflhi]hi (?) des Sohnes*
　　　　　　　עודו　　　　　　　　*des 'Audu.*

עבדאהי] Schreibfehler für עבדאלהי, oder für [ו]עבראה[י vgl. 155. 472.

81　　　　　שלם פציאו · · · ·　　　*Gruss! Fuṣaï'u (?) . . .*

פציא] siehe zu 24.

82　　　　　שלם עידו בר אל
　　　　　　　מבקרו בר ואלו בגב

Gruss! 'Uraimu der Sohn des Al-
mubakkaru des Sohnes des Wâ'ilu in Gubim.

83　　　　　דבו.ר אושו　　　　　*Gedacht werde des Ausu*
　　　　　　　בר מברשו　　　　　　*des Sohnes des Mubraššu.*

מברשו] „Scheck“, ist Participium des IX. Stammes von برش. مبرّش: vgl. 183.
312. 470. (300). N: „die Deutung wird bestätigt durch אדאברישו 548 برّش.“

84　· · · · יבעינ בראו בר ואלו　　　*. . . Buraï'u (?) der Sohn des Wâ'ilu.*

בראו] wohl Schreibfehler für בדיא.

85　　　　　שלם א·מו בר　　　*Gruss! Aftaḥmuu (?) der Sohn*
　　　　　　　עיימו　　　　　　　*des 'Uraimu.*

86　　　　　שלם ואלו　　　　　*Gruss! Wâ'ilu*
　　　　　　　בר שמרת　　　　　*der Sohn des Samurat.*
　　　　　　　ילי

שמרת] N: سمر Appellativum, ein Dorngewächs.
ילי] ob وليد gemeint, oder gar יריל?

87　　　　　שידאלהי　　　　　*Sa'd'allâhi (?)*
　　　　　　　בר בראו　　　　　*der Sohn des Buraï'u*
　　　　　　　ולמבקרו　　　　　*und Muubakkaru*
　　　　　　　בר עיימו　　　　　*der Sohn des 'Uraimu.*

שידאלהי] ist wohl in שעדאלהי zu verbessern.
ולמבקרי] wenn das Waw richtig, dann mit unterdrücktem א.

87ᵇ   שׁלֵם דכיר   *Gruss! Honenu(?)*
         בר עמרי כנם   *der Sohn des 'Amru(?) von Gatem.*

VI. Wàdi Fèràn.

87· Tafel 87.

Eine griechisch-christliche Inschrift, schlecht erhalten; vgl. die Copie bei Lepsius No. 18.

VII. Inschriften vom Wàdi 'Alejjàt

N. 88—208.

Von der Oase Feran ziehen sich zwei Thäler gegen den Gebirgsstock des Serbal hinauf, das eine östliche ist der W. 'Alejjàt, das andere westliche der W. 'Adschebe. Beide sind voll von Inschriften. Im oberen Theile des W. 'Alejjàt, Angesichts der Felsabstürze des Serbal, traf ich eine Anzahl alter (nabatäischer?) Gräber mit mehreren Abtheilungen, ähnlich den bei Lottin Pl. 80 und Pl. 57 abgebildeten.

L. Burckhardt, Reisen in Syrien u. s. w. II. 969 beschreibt sie ganz
richtig mit den Worten:

„An vielen Stellen in diesem Thale stehen kleine Gebäude 10—12 Fuss
im Gevierte, und von 5 Fuss Höhe, mit sehr schmalen Eingängen. Sie sind
von losen Steinen erbaut, aber so gut zusammengesetzt, dass der grössere Theil
derselben noch erhalten ist, trotz der jährlichen Regengüsse. Sie sind sämmtlich ganz leer. Anfangs hielt ich sie für den Arabern gehörige Magazine, allein
meine Führer meinten, dass ihre Landsleute dieselben niemals beträten, weil sie
Kobar el-Kofar d. h. Gräber der Ungläubigen wären; vielleicht der früheren
Christen auf der Halbinsel. Ich fand indessen keine ähnlichen Gebäude auf der
Halbinsel."

88
L. ?

שלם נרמאלהי · · · ·
ברה ציבו

Gruss! Garm'allāhi . . . .
sein Sohn Şaubu.

89
L. 7

שלם בענה בר
ציבו בטב

Gruss! Ka'mah (?) der Sohn
des Şaubu in Gutem.

בענה] N: „der Name, neben dem auch ציבו 666, ist mir unklar. Qâmûs
führt allerdings ﺑﻌﻲ als Name auf.

90
L. 7

שלם אושו

Gruss! Ausu (?).

אושו] vgl. Lepsius 7, 2: so wohl statt des sinnlosen שירי.

90'
L. 7

שלם עמרו

[Gru]ss! 'Amru . . .

91
L. 8

שלם דאבו בר כמלו

Gruss! Di'bu der Sohn des Kāmilu (?).

כמלו] N: ﻛﻤﻴﻞ kommt vor; möglich wäre auch כמי vgl. 104.

92
L. 88

שלם אושו בר · · · · · · ·

Gruss! Ausu der Sohn des . . . . . .

93
L. 8

שלם עבידו בר גדיו בטב

Gruss! 'Ubaidu der Sohn des Gudajju
in Gutem.

גדיו] so zu lesen statt גדם vgl. 96. 179 N: ﺟﺪﻱ kommt einige Male vor.
vgl. palmyrenisch גדיא de Vog. 32bis.

94

זצ
וצבי · · · ·

= ?

95
L. 10   שלם נדיו בר אושו   *Gruss! Gudajju der Sohn des Ausu.*

96   שלם עידו בר נדיו   *Gruss! 'Ujaidu (?) der Sohn des Gu-*
                                    dajju.

עידו] wenn nicht עבידו gemeint ist? vgl. 93. 179. N: عُبَيْدٌ wäre etwa
Diminitivum von عِبْدٌ·

97   שלם נרמאל בעלי   *Gruss! Garm['al]ba'li.*

98
L. 11   עז שלם נדיו   *Gruss! Gudajju*
        בר ואלו   *der Sohn des Wa'ilu.*
        שלם בטב   *Gruss in Gutem!*

99
L. 14   לכדכרו ואלו   *Dem Registranten (?) Wa'ilu*
        בר נקיבו ברנתה   *dem Sohne des Naḳibu seine Ehrung (??)*
        בטב   *in Gutem.*

Das erste Wort macht Schwierigkeiten. Das ל ist sicher Präposition, und
das Nachfolgende dürfte wohl ein Participium sein, vorausgestellte Apposition
zu Wa'ilu. Ich dachte zuerst an נדבר (مَرْغَب??). Es ist aber wahrscheinlich
dasselbe Wort, das sich in No. 522 findet כדברו בר חושי בר דלת דכיר. Bezeichnet
כדברו (مُدَكِّر?) vielleicht einen Mann in einer bestimmten Beschäftigung oder
in einem gewissen Amt bei einer Handelscarawane? Etwa einen, der die Re-
gister führt?

נדיו] Möglich wäre auch נדיב; mit Rücksicht auf 153 eher נקיב = نقيب.

ברנתה] Das He am Schlusse weist auf ein Appellativum mit Suffixum
3. m., also auf ein Substantivum im Sinn von بِرٌّ, بِرَّةٌ „Ehrung". Nöldeke
sieht darin den „Winzer".

100
Berekh. 35   שלם מינו בר הנאו   *Gruss! Ma'nu der Sohn des Hâni'u.*

הנאו] خَانِي häufiger Name, auch in el-Hegr 23. 3. 24, 8 und Dumér
ZDMG 38, 537, 2b).

101
Bur kh. 35   שלם אלנבכרו   *Gruss! Almubakkaru*
            בר כלבו   *der Sohn des Kalbu.*

102   שלם גדיו   Gruss! Gadajju
           חלצת בר הלצת.   Khâlisat der Sohn des Khâlisat.

103   שלם אושו   Gruss! Ausu
           בר אושאלבעלן   der Sohn des Aus'alba'li.

104   שלם מגדיו ·· ימעו   Gruss! Magdijju [der Sohn des] Ja-
                            maun (?)
           בר אושו   des Sohnes des Ausu.

    מגדי] vgl. 24.
    ימעו] vgl. 91.

105   שלם הניאו בר   Gruss! Hanai'u der Sohn des
(1. 17)   ואלו   Wâ'ilu
           ואלו בר   Wâ'ilu der Sohn
           הרישו   des Harišu.

    הניאו] Diminutivum zu הניא 100 u. s. w. N: Ibn Dor. 298.

106   שלם ודו בר אשודו בר
         ואלו בר עבדאלהי
      Gruss! Waddu (?) der Sohn des Aswadu des Sohnes des
      Wâ'ilu des Sohnes des 'Abd'allâhi.

    אשודו].

107   שלם עניו   Gruss! 'Auwajju (?!)
           בר הנאו בטב   [der Sohn des] Hâni'u in Gutem.

    עניו] vielleicht ?

108   שלם בריאו   Gruss! Barai'u
           כלבו   Kalbu
           ·· הרישו   Harišu (?).

    הרישו] oder (חויו) שלם ודי ?. oder בני הניו ?

109   שלם גדיו בר   Gruss! Gadajju der Sohn des
           ואלו בטב   Wâ'ilu in Gutem.

110   שלם חרישו   *Gruss! Ḥarîšu*
         בר עבדאלבעלי   *der Sohn des 'Abd'alba'li.*

    חרישו] ist kein Name, es muss wohl חרישו sein.

111   שלם עממו   *Gruss! 'Amamu.*
(L. 12)
    עממו] N: Ibn Dor. 226 hat عَمُو . Vgl. Wüstenf. Reg. S. 63.

112   דכיר מגדיו   *Gedacht werde des Magdijju*
         בר ··כלו   *des Sohnes des . . . . .*

113   דכיר שמרח   *Gedacht werde des Šimrakh*
         אבן אל··ישי   *des Sohnes Al . . . . .*

    אבן] arabisch, statt des aramäischen בר.

114   שלם טילח בר דמגו   *Gruss! Tilat(?) der Sohn des Dâmagu(?).*

    טילה] (تِيلَة). Vgl. 203. wo ohne Zweifel derselbe Name zu lesen ist.
    דמגו] Unsicher, aber nach 203 und 603 noch am wahrscheinlichsten.

115   שלם שלמו בר   *Gruss! Sâlimu (?) der Sohn des*
         עבדא   *'Abdâ.*

    שלמו] kann sein سَالِم . سَلَم . سَلِم . السَلَم . المِلْح am wahrscheinlichsten سَلِم .
vgl. Σάλμος Wetzstein 155.

    עבדא] mit aramäischer Endung, neben dem arabischen עבד. gerade wie
בלבא Euting. Nabat. 15, 2 neben בלב de Vog. nab. 6. vgl. 313⁴.

116   דכיר חנטלו בר   *Gedacht werde des Ḥanṭalu des Sohnes*
(L. 16)
         עמיו   *des 'Umajju.*

117(—118)   שלם אעלא בר   *Gruss! A'lâ der Sohn des*
(L. 17)
         שמרח בטב   *Šimrakh in Gutem.*

119   שלם שמרח   *Gruss! Šimrakh*
         בר עמיו   *der Sohn des 'Umajju.*

120   דכיר צובו בר   *Es werde gedacht des Ṣaubu des Sohnes*
         נשי·· בטב   *des Nusaiqu in Gutem.*

    נשיו] נשיבו, oder נשיב Nasibu?

121   עמיו · · · · . . . . *ʿUmajju.*

122   שלם עתרו *Gruss! ʾAtrw (?)*
        בר עממו *der Sohn des Amanuu (?).*

עתרו] Ich dachte zunächst an غَثَر „schwarzroth" oder „staubgrün". N:
ΑΘΑΡΟΥ Wetzstein 77 (Wadd. 1966²) = عَمَر Muḥ. b. Ḥabib 24, 7. der (23, 9)
auch عتر und عُمَر als Eigennamen hat.·

123   בריו בטב *Burajju in Gutem.*

בריו] wohl nur andere Schreibart für בריא „*Buraïu*".

124   דביר ערבו בר *Es werde gedacht des ʾArabijju des*
        ארפוס   *Sohnes des Orpheus.*

ערבו] عَرَبِيّ.
ארפוס] *ʾOrquís?*

125   שלם הרישו *Gruss! Ḥarišu*
        [בר] עציו *[der Sohn des] Uṣajju (?).*

עצי] عُضَيّ? N: „Es kommen vor العُضَيّ (العضى) und عُضَيْد.·

126   שלם הדא · · *Gruss! Ḥada (??) der Sohn des*
        עמיו   *ʿUmajju.*

הדא] N: „Aus הדא oder הדא lässt sich nichts sicher machen. Mit בר הירא
hat es aber gewiss nichts zu thun. Da ist das בר nothwendig.·

127   שלם בריאו בר ו *Gruss! Buraïu der Sohn des W—.*
    · · · · ·

128   שלם קומו *Gruss! Kawwāmu (?)*
      בר עבדאלבעלי בטב *der Sohn des Abdʾalbaʿli (?) in Gutem.*

קומו] N: Vgl. oben No. 20. Nur مُقَبِّم als Name bekannt. قام ist mir
als Name kaum wahrscheinlich, eher قَوَّام.·

129   שלם הרוצו · · · *Gruss! Kharûṣu . . .*

הרצו] ebenso 130. 166. N: خَرُوص Ibn Dor. 298.·

130   שלם חרושו   *Gruss! Kharûsu.*

131   שלם אלחגו · · ·   *Gruss! Alḥajja . . .*

    [אל־] خَجِّ vgl. 139. N: خَجِّ. Ibn Dor. 193. Ham. 296, 16.·

132   שלם ו· · · ·   *Gruss! W . . .*
           גרמאלבעל־   *Garm'alba'li.*

133   שלם גרמאלבע ל[ן]   *Gruss! Garm'alba'li.*

134   שלם חרו בר מעירו   *Gruss! Ḥâru der Sohn des Mu'ajjiru.*

    [מעיר] N: مَعَيِّر. *Moeugoz* oben Nr. 55 und Wadd. 1980. 2366 ff. 2453.
Wetzstein 119; *Moeuor* Wadd. 2052 auch nab. im Haurân de Vogüé 2. 3.
pag. 93. 94.

135   שלם עבדאלבעלי בר חרישו   *Gruss! 'Abd'alba'li der Sohn des Ḥarîšu.*
Derselbe Mann auch bei Grey 48ª.

136—137   דביר ואלו בר עדו
       Es werde gedacht des Wâ'ilu des Sohnes des 'Audu.

Der zweite Name ist möglicherweise deutlich auf dem Original. Bei der
glänzenden Sonnenspiegelung auf dem Stein konnte ich ihn nicht mit Sicherheit erkennen.

138   דביר ואלו בר עדו
       Es werde gedacht des Wâ'ilu des Sohnes des 'Audu.

139   שלם אלחגו בר   *Gruss! Alḥajju der Sohn des*
       · · · · · · · ·   . . . .

140   שלם שמרכה בר   *Gruss! Šamrâkh der Sohn des*
         אושו   *Ausu.*

141   דביר שרפי   *Gedacht werde des Šarafijja (?)*
       בר עבייו   *des Sohnes des Ghabijja (?).*

   [שרפ] Derselbe Mann wie in No. 198 und Lepsius 104 (W. Mukatteb).

Durch diese letztere Inschrift wird das ؜ bestätigt. N: ‚Von der Wurzel شرف
kommen vor die Namen اَلاَشرَف, شُرَيف.‘
שרף] Vgl. 156. 198. (226.) 394.

| 142 | שלם הליצו בר | Gruss! Khulaiṣu der Sohn des |
| | אוישאלבעלי בטב | Aus'ol[ba]'li in Gutem. |

אוישאלבעלי] Schreibfehler für אוישאלבעלי א. Vgl. 187. 188.

| 143 | שלם עמיו אפכלו | Gruss! 'Umajju, Afkalu (?) |
| | בר כלבו בטב | der Sohn des Kalbu in Gutem. |

אפכלו] N: افكل Ibn Dor. 197.

| 144 | שלם יעלי ברה | Gruss! Ja'li sein Sohn. |

יעלי] يَعلَى. Ja'lā (Ja'li).

| 145 | שלם · · · · · עבדאלבעלי | Gruss! . . . . . . 'Abd'alba'li (?). |

| 146 | שלם עבדאלעזא | Gruss! 'Abd'al'uzzā |
| | בר אושו | der Sohn des Ausu. |

עבדאלעזא] N: ‚Der bekannte Name عبد العُزَّى (‑ع‑ wird auch in אעלא
durch א wiedergegeben).‘

| 147 | שלם אוישאלבעלי | Gruss! Aus'alba'li |
| | בר גרמאלבעלי | der Sohn des Garm'alba'li. |

| 148 | שלם חברו בר שפרו | Gruss! Ḥubiru (??) der Sohn des Sā |
| | · · · · · · | firu (??). |

שפר] oder שבר? = ?

שפר] N: ‚Ich kenne keine Namen von صفر oder سفر.‘

| 149 | שלם כלבו | Gruss! Kalbu |
| | בר [א]ורכו לכלב | der Sohn des Auraku (?) . . . . |

אורכו] أَورَك? N: ‚Die Ergänzung des א ist nicht sicher; man könnte z. B.
auch an ד denken.‘

150　　　　　　שלם בביא בר כלבו בטב

Gruss! . . . . der Sohn des Kalbu in Gutem.

בביא] sehr unsicher: oder נביא?

151　　　　　　שלם אנלא בר חלצת בטב

Gruss! Nbi der Sohn des Khâliṣat in Gutem.

152　　　　　　שלם הנטלו
　　　　　　　　בר אושו

Gruss! Hanṭalu
der Sohn des Ausu.

152·　　　　　שלם עביו בר
　　　　　　　　חית והנטלו בטב

Gruss! Umajju der Sohn
des Ḥojjat und Hanṭalu in Gutem.

חית] خَيَّة Schlange. N: öfter als Name.

153　　　　　　שלם ואלו
　　　　　　　　בר נקיבו

Gruss! Wâ'ilu
der Sohn des Naḳiba.

נקיבו] نَقِيب, allenfalls auch نُفَيْل.

154　　　　　v שלם ואלו
　　　　　　　　בר הניאו

Gruss! Wâ'ilu
der Sohn des Hanaî'u.

155　　　　　　שלם כלבו בר
　　　　　　　　שעדאלהי

Gruss! Kalbu der Sohn des
Sa'd'allâhi.

156　　　　　　שלם עביו בר עבדאהיו

Gruss! Ghabijju (?) der Sohn des 'Abd'ahijju (??).

עבדאהיו] Derselbe Name findet sich auch in 472 (und vielleicht in 802). In No. 472 und hier scheint zwar eher עבדאהיו geschrieben. Der 2. Theil des Compositums אהי ist mir unklar. N: ,Wenn man, was doch immerhin möglich, עבדאהי läse, so könnte man es, nach der Art von עבדרבו, עבדאלהי, עבדרבי (Dmêr) fassen als עבד אהי; أَخِي el-Hegr 10, 8.'

157　　　　　v שלם משלמו
　　　　　　　　בר עמירו

Gruss! Maslamu (?)
der Sohn des 'Umairu.

משלמו] N: ,könnte مُسْلِم sein, das ich allerdings nicht als Name kenne. Das N. pr. مُسَيْد ist wohl erst islamisch. Aber Wadd. 2412¹ (= CIG 4659) *Μοσελμου*, etwa مُسَيْد؟ (مسلم ist bekannt als Name).·

عُمَيْر [עמיר].

158   שלם עבטת   *Gruss! Ghibṭat (?)*
         בר חריתו בטב   *der Sohn des Ḥuraiṭa in Gutem.*

غِبْط [עבטת] wie 77.

حُرَيْث [חריתי]. wenn nicht gar חרישי zu lesen ist.

159   בריאו והרישו כרה   *Buraiʾu und Ḥariśu sein Sohn.*

160   שלם עבדאלהֹי   *Gruss! (?) ʾAbdʾallāhi (?)*
         ועבדאלבעלי בנוהֹי שלם   *und ʾAbdʾalbaʿli seine Söhne. Gruss!*

Das Zeichen für Schin zu Beginn ist abnorm.

161   שלם אבאושו   *Gruss! Abuʾausu*
         ובריאו ועידו בני הרי   *u. Buraiʾu u. ʿUjaidu die Söhne des Ḥari-*
         שו בטב   *śu in Gutem.*

Diese Söhne des Ḥariśu haben sich an mehrfachen Plätzen der Halbinsel verewigt und sind von verschiedenen Reisenden bemerkt worden; siehe Mich. Eneman, Resa i Orienten II, 41. 295. Pococke I pag. 236 No. 17. Seetzen 22 (Beer 136), Grey 43. 121 (Beer 135. 141–144), vgl. unten 575 in W. Mukatteb und 668 aus dem W. Ḳéneh.

162   שלם הנטלו בר שנביה ועבדלהֹי ברה

Gruss! Ḥanṭalu der Sohn des Š-N-K-J-H und ʾAbdallāhi sein Sohn.

שנביה [שנכיה] abgekürzt für ? siehe zu No. 51.

162′   שלם ואלו בר הנאו · ·   *Gruss! Wāʾilu der Sohn des Hániʾu (?)*
         שלם · אל ·   *Gruss! Wāʾilu (!!)*

163   שלם הורו בר   *Gruss! Ḥūru der Sohn des*
         עירו   *ʿAmru.*

164   שלם הניאו בר שלמו הגה   *Gruss! Hanaï'u der Sohn des Sâlimu*
H-G-H.

. . . . .

סה] = ?

165   שלם עמיו   *Gruss! 'Umajju*
    בר עמיו   *der Sohn des 'Umajju.*

166   חרוּשו   *Kharûšu.*

חרשו] wohl so zu lesen vgl. 129. 130. obwohl חרוּשו dasteht.

167   שלם נשמו   *Gruss! Ĝušamu.*

נשמו] siehe zu No. 58.

168   שלם עודו בר   *Gruss! 'Auḏu der Sohn des*
    אלמבכרו   *Almubakkaru.*
    שלם   *Gruss!*

169   שלם אלכתיו בר נשיו בנב ושלם

Gruss! Alkâhinu der Sohn des Nusaiqu in Gutem und Frieden.

אלכתיו] Derselbe 217.

170   שלם אלכתיו בר עבדאלבעלי בנב ושלם

Gruss! Alkatajju (?) der Sohn des 'Abd'alba'li in Gutem und Frieden.

אלכתיו] Derselbe 209. 225. 228. [Leps. 24.1 vielleicht ohne Artikel כתיו?]
N: Ich weiss nichts Sicheres zu אלכתיו. Es gibt einen Namen كتي im Qâmûs.

171   שלם עבדאלבעלי בר ואלו   *Gruss! 'Abd'alba'li der Sohn des Wâ'ilu*
    יلו עבדהו ني—

172   שלם פצו בר] חנטלו בנב

Gruss! Fâsî (?) der Sohn des Ḥanṭalu in Gutem.

173   שלם חנינו בר   *Gruss! Ḥaninu der Sohn des*
    עליו וענינו בר כלבו   *'Alijju (?) und 'Ianinu der Sohn des*
    Kalbu.

ענינו] N: عنين oder غنين.

174   שלם הזרו בר   *Gruss! Hzru der Sohn des*
       ואלו   *Wâ'ilu.*

175   שלם אבי קומו   *Gruss! Ibn-Kaumu*
     ובנמה בני עדמו   *und Ka'mah die Söhne des 'Admu (?!).*

اعْزَى (עייד doch vielleicht nicht .Wenn N: .390 vgl. [עייד] oder עייד
oder عزو *Atuuz*, wozu Diminutivum خُوَيّ؟:

176   שלם שלמו   *Gruss! Salimu.*

177   שלם שעדאלהי בר בראו
    Gruss! Sa'd'allâhi der Sohn des Burar'u.

178   שלם ואלו בר זידו בטב
    Gruss! Wâ'ilu der Sohn des Zaidu in Gutem.

179   דביר עבידו   *Gedacht werde des 'Ubaidu*
       בר גדיו בטב   *des Sohnes des Gudajja in Gutem.*
Derselbe 95. 96.

180   שלם דאבו   *Gruss! Dî'bu*
      בר עמיו בטב   *der Sohn des 'Umajju in Gutem.*

181   גדיו בר   *Gudajja der Sohn des*
       הויצו   *Huwaisu.*

[הריצו] Wäre die Inschrift nicht so deutlich eingemeisselt, so würde ich
glauben, dass הריצו gemeint wäre. N: „Der Name ist schwerlich von dem verschieden, der 158 von Euting הויצו gelesen wird."

182   עבדאלבעלי בר עמיו בר   *'Abd'alba'li der Sohn des 'Umajju des*
                    Sohnes des
     שמרה · · · · ביתיא בטב   *Samrikh . . . . Baitâjû (?) in Gutem.*
ביתיא · · · · j mit vorausgehender Lücke .aus . . . . bit (bait)".

183   שלם מברשו בר   *Gruss! Mubrassu der Sohn*
       ואלו · · · ·   *des Wâ'ilu (?) . . . .*
[מברש] vgl. 83, 312.

184
שלם דנטלו בר פצי בטב

Gruss! Hantalu der Sohn des Fäsi[?] in Gutem.

185
שלם הרו בר עמרו בטב

Gruss! Hâru der Sohn des 'Amru in Gutem.

Aus Versehen zweimal abgebildet.

הרו] wahrscheinlich so; oder sollte ein Namen حَرَ existirt haben?

186

דביר בטב ושלם   *Gedacht werde in Gutem und Frieden*
שעדו בר   *des Sa'du des Sohnes des*
נרמאלבעלי   *Narm'alba'li*
עד עלם V   *bis in Ewigkeit.*
    ש   *S.*

187

שלם עבדאלֹבֹעֹלי   *Gruss! 'Abd'alba'li*
עמנו   *'Amanu.*

עבדאלעלי] Hier und in 188 Schriftfehler für עבדאלבעלי, denn vgl. 283, 658, an welch letzterer Stelle er dann mit עבדאלבעלי des Guten zu viel gethan hat.

עמנו] Nicht Beiname, sondern Name des Vaters des 'Abd'alba'li, s. 188.

188

שלם עבדאלֹבֹעֹלי בר   *Gruss! 'Abd'alba'li der Sohn des*
עמנו ועמנו ברה   *'Amanu und 'Amanu sein Sohn.*

189
דביר בטב ואלי בר איסו

Gedacht werde in Gutem des Wä'ilu des Sohnes des Ausu.

190
V שלם הנטלו בר נשבה

Gruss! Hantalu der Sohn des N-S-N-K-J-H.

Ueber die Namen s. zu No. 54.

Die Inschrift ist vielleicht identisch mit der von Donati gemachten Copie bei Niebuhr I. Tafel L. O. p. 251.

191

שלם חלצה   *Gruss! Khâlisat*
בר שעוד   *der Sohn des Sa'du.*

שעוד] doch wohl שעוד zu lesen.

(192—)193   שלם מגדיו בר ואלו עליומא
בר עבדאלבעלי

*Gruss! Magdijju (?) der Sohn des Wâ'ilu des jüngeren
des Sohnes des 'Abd'alba'li (?).*

עליומא [עליומא] N: soll wahrscheinlich den Wâ'il als den jüngeren bezeichnen
gegenüber einem Wâ'il senior.

194   שלם שמרה בר כלבו בטב
Gruss! Šimrâkh der Sohn des Kalbu in Gutem.

195   פציאו בר ואלו
בטב

*Fuṣaï'u (?) der Sohn des Wâ'ilu (?)
in Gutem.*

196   ח שלם שמרה וגדיו
...... ו בטב
ושלם

*Gruss! Šimrâkh und Gadajju (?)
...... in Gutem
und Frieden.*

197   שלם בכרו בר
[ע]יידו

שלם בכרו בר
עיידו

*Gruss! Bakru der Sohn des
'Ujaidu.*

*Gruss! Bakru der Sohn des
'Ujaidu.*

Zweimal neben einander; wahrscheinlich aus verschiedenen Jahren;
vgl. 244. 245.

198   שלם ש' ' ' ' בר
עברייו

*Gruss! S(araiku?) der Sohn des
Ghabajju (?).*

Da der Felsen im blendenden Sonnenschein lag, konnte ich auf der glänzenden Fläche die erste Linie nicht deutlich unterscheiden. Vgl. übrigens 141.

199   דכיר אושו בר
עידו בטב
ועידו ברה

*Gedacht werde des Ausu des Sohnes des
Ghanṭu in Gutem,
und des Ghanṭu seines Sohnes.*

عَوْذ Vecros, vielleicht auch Aedus Wadd. 2204; siehe zu No. 72.

200   שלם מינו בר[*Gruss! Maʿnu [der Sohn des]*
             זידו בר גרמאלהי   *Zaidu des Sohnes des Garmʾal[lāhi]*
             וציל]· · · ·   *und Wasilu (?) . . . .*

N: „Seltsamer Zufall, da der Name fast wie der des berühmten مَعْن ــ زِيد!
ציל‍ ist mir sehr fraglich.“

201   שלם עבדאלבעלי בר עמין [בטב]
       Gruss! ʿAbdʾalbaʿli der Sohn des ʿUmajjn in Gutem.

201ᵃ   שעדאלהי בר Y   *Saʿdʾallāhi der Sohn*
             בראי   *des Baraiʾu.*

202   שלם גדיו [בר]   *Gruss! Gudajju [der Sohn des]*
          חלצת בר חברבן   *Khailisat, Sohnes des Habarkān.*

חברבן] Dieser Name findet sich deutlicher weiter unten in No. 459 aus
dem W. Mukatteb (= Leps. 62. 75. = Lottin 34. 7. 77. 2. 79. 3. = Grey 27
= Beer 137) und bei Grey 70 (= Beer 53), auch im Wadi Lochean bei
Lepsius 161. N: حَبِرِك scheint etwa „schwerfällig“ zu bedeuten. Zu dieser
Wurzel gehört der Name gewiss.“

203   שלם דמנו בר טיח בטב
      Gruss! Dāmiqu (?) der Sohn des Tilat (?) in Gutem.

דמנו] Vgl. 603 und 114.

טיח] Vgl. 603. N: „Als Namen kenne ich تَوْبُ، تَوْبَةُ، تَوْبَانُ.“

204   שלם שעדאלהי   *Gruss! Saʿdʾallāhi*
            בר ודו   *der Sohn des Waddu.*

205   שלם עודו בר   *Gruss! ʿAudu der Sohn des*
            עמיו ט· · ·   *ʿUmajju T . . .*

206   שלם חנטלו   *Gruss! Hanṭalu.*

207   דביר גרמאלבעל   *Es werde gedacht des Garmʾalbaʿli*
          בר צעבי בטב   *der Sohn des Saʿbu in Gutem.*

208   שלם אחרשו בר אוֹשׁוֹ   *Gruss! Akhrasu der Sohn des Ausu*
                בר הרישו בר   *des Sohnes des Harišu des Sohnes des*
             [מ]גדיו הגרא   *Magdijju (?), der Kaufmann.*

الخَرَس وَارِيشُ.

הגרא] scheinbar הרא: Nöldeke hat richtig erkannt, dass das vermeintliche
ה in רי zu zerlegen ist.

VIII. Wâdi 'Adscheleh

(No. 209—300).

Der Wâdi 'Adscheleh, ein Parallelthal des W. 'Alejjât, aber steiler an-
steigend, und noch felsiger als dieser, trägt auf beiden Seiten der Schlucht etwa
hundert Inschriften. Der Ausblick auf den Serbâl und den östlichen Passüber-
gang ist von grossartiger Schönheit; ergiebige Waideplätze an den Thalhängen.

209   שלם אלכתו בר עבדאלבעלי
         Gruss! Alkntajju (?) der Sohn des 'Abd'albaʿli.

Ebenso 170. 225. (228.)

210   שלם מרת בר הנטלו   *Gruss! Marrat der Sohn des Hanṭalu.*

مُرّ [הרת auch in el-Hegr 18, 1.

211   שלם שלמו בר עבדאלבעלי   *Gruss! Salimu der Sohn des 'Abd'albaʿli.*

212   שלם עבידו בר   *Gruss! 'Ubaidu der Sohn des*
           [ע]במו   *['Umajju.*

213   שלם מענו   *Gruss! Maʿnu.*

214   שלם הלצת בר   *Gruss! Khâliṣat der Sohn des*
           ואלו   *Wâʾilu.*

214ª	שלם ואלו בר חלצת	*Gruss! Waʿila der Sohn des Khâilisat.*

214ᵇ	שלם שלם חרשו	*Gruss!* *Gruss! Harsu.*

214ᶜ	כלבו בר אלמבכרו	*Kalbu der Sohn des Muedakkaru.*

214ᵈ   שלם אבקימו בר חלצת

Gruss! Ibn-Kauma (?) der Sohn des Khâilisat.

אבקימו Vgl. 175. Das Waw am Schlusse des Wortes ist in der Ligatur ganz klein gerathen.

214ᵉ	שלם חלצת בר חרשו	*Gruss! Khâilisat der Sohn des* *Harisu.*

214ᶠ	שלם עבדאלהו בר פצי ואלו בר מישו	*Gruss! ʿAbd'alhâtu der Sohn des* *Waʿila der Sohn des M...*

214ᵍ   שלם עבדו כלבו בטב

Gruss! ʿAbdu [der Sohn des] Kalbu in Gutem.

214ʰ	שלם גדיו בר ואלו	*Gruss! Gadajju der Sohn des* *Waʿila.*

214ⁱ	שלם מעיו בר הנאו בטב	*Gruss! Maʿyu der Sohn des* *Hanîʾu in Gutem.*

215   ‎‏// שלם זידו בר כלבו בטב

Gruss! Zaidu der Sohn des Kalbu in Gutem.

Derselbe 235.

216   שלם גרשו בר
‎‏ו ‎‏W.

Gruss! Girsu (?) der Sohn des
W.

נרש N: جرش, حريش Muh. b. Habib 33, 9. Girsu [Baalbek] Wadd. 1886. auch hebräisch גרישה Vgl. אלדירישה 662.

217   שלם אלכהנו בר   *Gruss! Alkâhnu der Sohn des*
             נשׁינו   *Nusaigu.*

Derselbe 169.

218   שלם חלצת בר ואלו   *Gruss! Khâliṣat der Sohn des Wâʾilu.*

219   שלם הנטלו ברת צין   *Gruss! Hanṭalu die Tochter des Ṣaʿ-*
              בו   *bu (?).*

[הנטלו] hier als Frauenname.

220   שלם עבדאלבעלי   *Gruss! ʿAbdʾalbaʿli*
            בר רגבו   *der Sohn des Ragabu (?).*

[רגב] Ein im Monat Ragab Geborener? N: Ich kenne keinen Namen
von ‏رجب‎.

221   שלם עודו בר כלבו   *Gruss! ʾAudu der Sohn des Kalbu.*

222   שלם כלבו בר עודו   *Gruss! Kalbu der Sohn des ʾAudu.*

223   שׁמרה בר כלבו   *Šomrâkh der Sohn des Kalbu.*

223ᵇ   שׁמרה בר עמיי   *Šomrâkh der Sohn der ʾUm[ajju] (?)*
            כהנתא   *der Priesterin.*

[עמיי] Rest eines N. pr. fem. ʾUmajju? Vgl. Grey 139 = Lottin Pl. 11.

[כהנתא] kann nur „*Priesterin*“ heissen. Der כהן תא „*Priester der Tâ*“
(welches ein sonst unbekannter Gott sein soll) ist durchaus hinfällig. Denn die
Stelle, aus welcher der Gott Tâ mit Sicherheit hervorgehen soll[*]), ist die Inschrift bei Grey No. 83, 2 (Tuch XXI) und da ist zu lesen nicht כהן הא אלהא
(„*der Priester des [oder unseres] Gottes Tâ*“), sondern

בשנת A A להלא   *im Jahre 40 des H-L-.*

Da ich die Inschrift nicht im Original wiedergefunden habe, so bin ich
auch nicht im Stande die unsichere Namens-form להלא zu deuten. Dagegen
kommt עמיי כהנתא, wie es scheint, nochmals vor in Grey 139 (Tuch XX). Die

---

[*] Tuch ZDMG III, 154, 210, 212. Levy ZDMG XIV, 437 f. Schon Lenormant (Journ. as. 1859,
I. 15 ff., hat, wie ich sehe, mit Recht den Gott Tâ bezweifelt.

anderen Inschriften, in denen der Gottesname רא stecken soll (Grey 2 und 54, Tuch, Seite 213), sind so zweifelhafte Copien, dass Niemand daraus irgend einen Beweis sollte ableiten wollen. Aus der Inschrift Grey 83 ist überhaupt schon Fabelhaftes gemacht worden: Forster übersetzt dieselbe Inschrift nach seiner Weise:

> „Destroy springing on the People the fiery serpents.
> Hissing injecting venom heralds of death they kill
> The People prostrating on their back curling in folds
> They wind round descending on bearing destruction.“

224   שלם עבדאלבעלי בר כלבו
Gruss! 'Abd'alba'li der Sohn des Kalbu.

225   שלם אלכתיו בר עבדאלבעלי
Gruss! Alkutajju (?) der Sohn des 'Abd'alba'li.

226   ץ בכרו בר שיעדאלהי
                    בר עליו כטב
Gruss! Bakru (?) der Sohn des Sa'd'allāhi
des Sohnes des 'Alijju in Gutem.

Das בכר ist nicht sicher. דביר? Vgl. 564. 568.

227   ץ דביר עליו   *Gedacht werde des 'Alijju*
                    בר ע[ב]דאלהי   *des Sohnes des 'Abd'alba'li.*

228   שלם אלכתיו בר עבדלבעלי
Gruss! Alkutajju (?) der Sohn des 'Abdalba'li.

Vgl. 170. 209. 225.

229 Nach Nöldeke vielleicht *Oreos* (הניא).

230   שלם מענו בר   *Gruss! Ma'nu der Sohn des*
                    הנאו כטב   *Hānī'u in Gutem.*

231   שלם שיעדאל[הי]   *Gruss! Sa'd'allāhi.*

232   שלם עודו בר כלבו   *Gruss! 'Audu der Sohn des Kalbu.*

233   שלם כלבו בר ואלו   *Gruss! Kalbu der Sohn des Wā'ilu.*

234   שעדאלהי   *Sa'd'allâhi*
       בר בריאו   *der Sohn des Burai'u.*

235   שלם זידו בר   *Gruss! Zaidu der Sohn des*
       כלבו בטב   *Kalbu in Gutem.*

Von derselben Hand wie 215.

236   שלם חרשו בר עביו
       Gruss! Ḥiršu (?) der Sohn des Ghabijju (?).

[חרשו] fehlerhaft für חרישו.

[עביו] Wahrscheinlich so viel wie עביו 114. 198. 394; vgl. 254.

237   שלם זידו בר · · · ·   *Gruss! Zaidu der Sohn des J . . .*

238   שלם בריאו   *Gruss! Burai'u.*

239   שלם אלבכ   *Gruss! Abnubak-*
       קרו בר זידו   *karu der Sohn des Zaidu.*

240   עבדאלבעלי .   *'Abd'alba'li.*

241   שלם דאבו בר   *Gruss! Di'bu der Sohn des*
       עמיו   *'Umajju.*

242   שלם עבדאלבעלי [בר] כלבו
       Gruss! 'Abd'alba'li [der Sohn des] Kalbu.

243   שלם כלבו בר · · ·   *Gruss! Kalbu der Sohn des . . .*

244   שלם שעדאלהי בר ואלו   *Gruss! Sa'd'allâhi der Sohn des Wā'ilu.*

245   שלם שעדאלהי בר ואלו   *Gruss! Sa'd'allâhi der Sohn des Wā'ilu.*

244. 245, vgl. oben 197.

246   שלם כלבו בר ואלו   *Gruss! Kalbu der Sohn des Wā'ilu.*

247   שלם ואלו   *Gruss! Wâ'ilu*
        אלהי   *...... 'alâhi.*

248   א שלם   *Gruss! A-*
        ישו בר כל   *isu der Sohn des Kal-*
          בו   *bu.*

249   שלם הרישו בר   *Gruss! Ḥarišu der Sohn des*
        עמיו כהנא   *'Umajju, der Priester.*

הרישו] so vielleicht corrigirt aus ursprünglichem הריש.

250   שלם אבלו   *Gruss! Akkâlu*
        בר אצלהו בטב   *der Sohn des Aṣlaḥu in Gutem.*

אבלו] vgl. 665; vgl. Akkâl bei Wüstenfeld. Reg. 55 (nach welcher Quelle?).
אצלהו] اَصْلَحُ auch 376. 655.

251   שלם הרישו בר   *Gruss! Ḥarišu der Sohn des*

Davon abzutrennen ist die links davon stehende Buchstabengruppe. wahrscheinlich:

251*   שלם ואלו   *Gruss! Wâ'ilu*
        ובנוהי   *und seine Söhne (?).*

252   דביר עלוי [בר]   *Gedacht werde des 'Alijju [des Sohnes*
        שעדאלהי [בטב]   *des] Sa'd'allâhi [in Gutem].*

253   Μνησθῇ   *Gedacht werde des*
     Χάλιος Ζεῖδου   *Chalios des Sohnes des Zaidu.*
    Χάλιος] = ? (בלי, חלי?).
    Ζεῖδου] = זיד.

254   שלם עלוי בר שמ   *Gruss! 'Alijju (?) der Sohn des Sim-*
        עלי עלוי ברה   *... 'Alijju sein Sohn   [râkh?]*
        שמרה ו   *Simrâkh und*

עלוי] möglich wäre auch עלי (236).

255   שלם ולדו   *Gruss! Walkidu (?)*
             בר ואלו   *der Sohn des Wāʾilu.*

         [ולדי N: وَلَدَ Ibn Dor. 255.ʼ

256   שלם בעמה   *Gruss! Kaʿmah*
             בר עודו   *der Sohn des ʿAudu*
               בטב   *in Gutem.*

257   שלם מענו בר גדיו בטב
      Gruss! Māʿnu der Sohn des Gudajju in Gutem.

258   · · · · שלם עודו בר   *Gruss! ʿAudu der Sohn des . . . .*

259   *Αυσος (?) Αμμοιυ*   *Ausos (?) der Sohn des ʿUmajju (?).*

260   שלם ענמו בר עבדאלבעלʼ בר הניאו בטב
 Gruss! Ghānimu der Sohn des ʿAbdʾalbaʿli des Sohnes des Hunaiʾu in Gutem.

     [ענמ] غَنِم auch in el-Hegr 15. 1. 3. 6. 55. 2.   N: ,Namen sind غَنِم، غَنِم
Ibn Dor. 87. غَنِم Ibn Dor. 272. Aber auch *Αγαμου* Wetzst. 76. 182 (wozu
Dim. fem. *Ογιμαθι,* Wadd. 2229. *Ογιμαθι* [lies *Ορξμαθι*] Wadd. 2182 kommt
in Frage. Die Feminin-Form غَنِمَة ist ein öfters vorkommender Name z. B.
Hamasa 177. 457.ʼ

260ʼ   [ענמ[ו]   *Ghānim[u].*

261   שלם ואלו בר זדו   *Gruss! Wāʾilu der Sohn des Zaïdu.*

262   שלם אלחשפו בר עמיו   *Gruss! Alkhusâifu der Sohn des ʿUmajju.*
      [אלחשפ] auch 47. 491. 521. (598.)

262ʼ   עודו בר עתישו   *ʿAudu der Sohn des ʿAttisu.*

     [עתיש] N: عَتَش Qâmûs. vgl. das palmyrenische Femin. עתשא (Sachau 5,
auch Simonsen 13). (Dagegen müssen *Αταναθος* Wadd. 2254. *Οταιου* Wadd.
2017. *Οταιου* Wadd. 2070ʼ. 2226 hiervon fern gehalten werden: das regel-
mässige τ weist auf عَتَش عنش oder عَنَش.)ʼ

262ᵛ　　　　　[ד]ביר עודו בר בטשו

Gedacht werde des ʿAuḍu des Sohnes des Biṭisu.

263　　　　שלם מענו בר הנאו　　*Gruss! Maʿnu der Sohn des Hâniʾu.*

264　　　　　　　　הניאו　　*Hŏnaîʾu (?)*
　　　　　　　　בר כלבו　　*der Sohn des Kalbu.*

265　　　　　　　בריא[ו]　　*Baraîʾu.*

266　　　　שלם פרון בר עבדאלבעלי

Gruss! Farwân der Sohn des ʿAbdʾolbaʿli.

فروان [פרון] auch in el-Hegr 10. 1. 4.

267　　　שלם עמרו [בר] או[ו]ש[א]אלבע[ל]י

Gruss! ʿAmru [der Sohn des] Aʾuʾsʾalbaʿli.

268　　　　שלם דאבו בר　　*Gruss! Dîʿbu der Sohn des*
　　　　　　　עמז .　　*ʿUmajju.*

269　　　שלם גרמאלבעלי　　*Gruss! Garmʿalbaʿli*
　　　　　　בר זדו　　*der Sohn des Zaidu.*

270　　שלם חרו · בר · עמרו ·　　*Gruss! Ḥâru der Sohn des ʿAmru.*

No. 269 und 270 habe ich in Gemeinschaft mit dem mich begleitenden Beduinen durch beharrliches Bearbeiten mit grossen Steinbrocken losgesprengt, und als Specimen der dortigen Felsinschriften mitgeschleppt. Der Stein befindet sich jetzt in meiner Sammlung.

271　　　　　　　שלם　　*Gruss!*

272　　　　שלם דאיבו בר　　*Gruss! Duʿaibu der Sohn des*
　　　　　　הנטלו　　*Hanṭalu.*

ראיבו] Diminitivum zu דאבו – *Wölfbaʾʿ*.　N: ذويب ist häufig.·

273　　　　שלם כליבו בר　　*Gruss! Kuleibu der Sohn des*
　　　　　　פצין　　*Faṣiju.*

كليب [כליב] .

274   שׁמל שׁלם נמלו בר ····

(Gsur!) Gruss! Gamalu(?) der Sohn des . . . .

Das erste שׁלם ist dem Schreiber misslungen, er hat es daher daneben wieder verbessert.

275   שׁלם שׁעדּלהי בר צו[כו]   *Gruss! . . . .*

Schlecht geschrieben; unsicher.

276   שׁלם אושׁו   *Gruss! Ausu.*

277   שׁלם ואלו בר   *Gruss! Wā'ilu der Sohn des*
          אלבבק[ר]ו   *Abubakka[r]u.*

278   תימלהי   *Gruss! Taimallāhi*
         בר נשׁיו   *der Sohn des Nusaigu.*

279   שׁלם מעכו בר הנאו בטב

Gruss! Ma'nu der Sohn des Hāni'u in Gutem.

280   שׁלם ואלו בר משׁכו   *Gruss! Wā'ilu der Sohn des Māsiku.*

[משׁכו] مَسِك auch palmyrenisch bei de Vogüé 124ª und Nab. 9, griechisch *Μασεχος* (Wadd. 2149) und *Μασιχος* (Wadd. 2064. 2172. 2210. 2286).

281   שׁלם שׁמרה [בר שׁ]עדו בטב

Gruss! Šimraikh [der Sohn des Sa]'du in Gutem.

282   שׁלם תימאלהי בר יעלי בטב

Gruss! Taim'allāhi der Sohn des Ja'li in Gutem.

N: Da das auslautende ي ـ sonst א geschrieben wird, so haben wir wohl יעלי zu sprechen.·

282ʸ   שׁלם עבדאלבעלי בר עמיו

Gruss! 'Abd'alba'li der Sohn des Umaiju.

[עבדאלבעלי] Das א ist nachträglich hineincorrigirt und an das ד unten angehängt.

283   שׁלם עבדאלבעלי בר עממו   *Gruss! 'Abd'alba'li der Sohn des 'Amamu.*

284   שלם ואלו בר הלצת   *Gruss! Wâ'ilu der Sohn des Khâlisat.*

285   שלם אושו בר ק···   *Gruss! Ausu der Sohn des K...*

286   שלם זדו   *Gruss! Zaidu (?).*

287   שלם יעלי בר ····   *Gruss! Ja'li der Sohn des ....*

288   שלם כטשו בר זדו   *Gruss! Bâisu der Sohn des Zaidu.*

289   שלם אושאלבעלי   *Gruss! Aus'alba'li.*

290   שלם עמיו בר אלמבקרו   *Gruss! 'Umajju der Sohn des Almu-bakkaru.*

290ʹ   שלם בעמה בר / צובו   *Gruss! Ka'mah der Sohn des Şaubu.*

[בעמה] vgl. 89. 292. (256.)

291   שלם פא··· / בר עמיו   *Gruss! Fâ... der Sohn des 'Umajju.*

292   שלם בעמה / בר צובו   *Gruss! Ka'mah der Sohn des Şaubu.*

293   שלם עמיו / בר עבידו כטב   *Gruss! 'Umajju der Sohn des 'Ubaidu in Gattem.*

294   דכיר יעלי בר / תימאלהי   *Gedacht werde des Ja'li des Sohnes des Taim'allâhi.*

295   [שלם עבדאלבעלי בר] / שעדת   *Gruss! 'Abd'alba'[li der Sohn des] Sâ'idat.*

[שעדת] سعد Wüstenfeld. Reg. 403.

296   שלם גדיו בר / הרשו   *Gruss! Gudajju der Sohn des Harisu.*

297   ושלם בריאו / בר הרשו   *Gruss! Bara'u der Sohn des Harisu.*

298　　　　　　שלם עודו　　　*Gruss! ʿAudu*
　　　　　　בר ואלו כטב　　*der Sohn des Wâ'ibu in Gutem.*

299　　　　שלם אלמבכרו בר שעדאלהי
　　　　Gruss! Almubakkaru der Sohn des Sa'd'allâhi.

300　　　　שלם נרמאלכעלי בר　　*Gruss! Garm'alba'li der Sohn des*
　　　　　　מרכשו כטב　　　　*M-r-k-su in Gutem.*

[מרכש] unwahrscheinlich; ich vermuthe מבֿֿרשׁ Mubrašŝu; vgl. 83.

IX. Wâdî Fêrân,

Sêl el-Heswe, abwärts linker Hand.

(No. 301—311.)

301　　　　　　ישלם וכילו　　　*Gruss! Wakilu*
　　　　　　· · · · אלכו　　　　*Al . . .*
　　　　　　נכילו　　　　　　*Gubailu.*

[נבילי] خُنَيْـل Wüstenfeld. Reg. 185. N: ,Hier wie 343' auch נוילי oder
נוילי möglich.'

302　　　　　　דכיר בריאו　　　*Gedacht werde des Burai'u*
　　　　　　בר כלבו בטב　　*des Sohnes des Kalbu in Gutem.*

303　　　　　　ו י הא י י　　　· · · · · ·
　　　　　　בר ואלו　　　　*der Sohn des Wâ'ibu.*

304　　　　דכיר הלצת בר בריאו　*Gedacht werde des Khâliṣat des Sohnes*
　　　　　　　　　　　　　　　des Burai'u
　　　　　　וברֿיאו ברה　　*und des Burai'u seines Sohnes*
　　　　　　כטב ושלם　　　*in Gutem und Frieden.*

Das Waw vor שלם schon ganz arabisch geformt.

305　　　　　· · · · בר · · · אושו　*Ausu der Sohn des . . . .*

306   דביר עיצו בר   *Gedacht werde des 'Ijâḍu des Sohnes*
       כלבו   *des Kalbu.*
عيصى [עיצי] Wüstenfeld. Reg. 244 f.

307   שלם פציו   *Gruss! Fuṣajju (!).*

308   שלם אכברו בר   *Gruss! Akbaru der Sohn des*
       הרישו בטב   *Ḥarišu in Gutem.*
ابن [אבברי] ebenso 310.

309   ראבו בר   *Di'bu der Sohn des*
       אלישׁ···

310   אבברו   *Akbaru.*

311   שלם ואלו   *Gruss! Wâ'ilu*
       בר יעלי   *der Sohn des Je'li.*

X. Wâdi Fêrân,

el-Khaṭṭâṭin.

(No. 312—322.)

312   שלם אוׁשו   *Gruss! Ausu*
       בר מברשו   *der Sohn des Mubrassu.*
[מברשי] s. No. 83.

313   שלם ענוֹ בר ו···   *Gruss! Ghaniu der Sohn des W...*
       ופצי ברה   *und Faṣi ein Sohn.*

314   שלם פארן   *Gruss! Fa'rân (!)*
       בר עבדאלבעלי בטב   *der Sohn des 'Abd'alba'li in Gutem.*

[פארן] ٠ فأر؟ Dass der Name so lautet, geht aus der deutlichen Schreibart 420. 429. (479) hervor. N: Abu Dor. 322 hat den Stammesnamen فأر.

Bei Ibn Hischâm 495, 1 sq., 494, ult. 498, 5 heisst derselbe Stamm: فُلَ. Das wäre also doch wohl das alttestamentliche פּאֵל. Qâmûs hat einen Namen فُوَرَان der für فُوَرَل stehen könnte.

315   וכילו בר   *Wakîlu (?) der Sohn des*
                 גאניו   *Gâ'ilijju (!!).*

נאבי] oder גאבי? vgl. 354; Nöldeke: ·جَنَبِ.

316   . . . .
          אלת   *'Ilat.*

317   שלם עבדש·· בר חרישו   *Gruss! 'Abds.. der Sohn des Harîšu.*
עבדש··] unsicher: vgl. 431.

318   שלם בריאו   *Gruss! Burai'u*
          בר שמרה בטב   *der Sohn des Šimrâkh in Gutem.*

319   שלם עמיו בר   *Gruss! 'Umajju der Sohn des*
          שמרה בֹרצֹקא   *Šimrâkh, aus Boṣra (??).*
          שנת נקפוכ]   *Im Jahr 126.*

Die Ziffern können nichts anderes sein als 1 + 100 + 20 + 5 + 1, und die Aera ist die Aera von Boṣra, beginnend 105 n. Chr., also das Jahr 126 ist = Frühling 230 bis Frühling 231 n. Chr. Vgl. zu 457. 463. Ueber die Ziffern der Nabatäer siehe die Tabelle in Euting, Nabat. Inschriften aus Arabien S. 96. 97.

בֹרצֹק] unsicher; ich vermuthe בֹצֹרא.

320   דכיר יעלי בר תימו···
       Gedacht werde des Ja'li des Sohnes des Taim . . .

321   ° שלם חרישו   *Gruss! Harîšu*
           בר עלידו   *der Sohn des 'Ulaidu.*

עלידו] auch 654; vgl. den Stammes-Namen der 'Aleideh, welche im S.O. von el-'Oela ihren Sitz haben.

322   שלם שעדאלהי בר בריאו   *Gruss! Sa'd'allâhi der Sohn des Burai'u.*

XI. Wâdi Fêrân.

Sêl Nesrin.

(No. 323—341.)

323   שלם קימו בר עודו   Gruss! Kajjûmu der Sohn des ʿAudu.

קימו] N: Wegen Κααμος, Κεναμος wird der Name als قَيُّوم zu nehmen sein. (Allerdings würde der Araber قَيُّو bilden.) Unter diesen Umständen darf man קימו kaum als قَيُّو fassen. Vgl. 353.

323ᵃ   דביר אוישו בר פצין בטב
Gedacht werde des Uraisu des Sohnes des Faṣijju in Gutem.

324   ۴ שלם פצי בר שעדאלהי   Gruss! Fâṣi der Sohn des Saʿdʾallâhi.

324ᵇ   דביר אלמבכרו בטב   Gedacht werde des Almubakkaru in Gutem.

325   שלם אוישו בר   Gruss! Uraisu der Sohn des
יכבאלבעלי   ʿAbdʾalbaʿli.

325ᵃ   דביר יעלי בר זידאלהי בטב
Gedacht werde des Jaʿli des Sohnes des Zaidʾallâhi in Gutem.

זידאלהי] auch in el-Hegr No. 65, Ibn Doraid 285 زَيْد اللّٰه.

326   ۴ שלם אלמבכרו בר עמין   Gruss! Almubakkaru der Sohn des ʿUmajju.

Der erste Name irrthümlich mit zwei Resch geschrieben.

327   שלם ואלו בר דלצה קדם אלבעלו
Gruss! Wâʾilu der Sohn des Khâliṣat, vor dem Baʿal.

קדם אלבעלו] Vgl. מו קדם דישרא „vor Dûsara" bei Euting. Nab. Inschr. aus Arabien S. 9, No. 38; und unten No. 437: קדם דישרא. Ob der letzte Buchstabe sicher Waw ist, möchte ich nicht entscheiden.

328   ΛΛCΟΡΕΟC   *Alsoreos.*

Ἀλσορεος] N: Σορος Wadd. 2510 zweimal = عُـرَيْر Ibn Dor. 56. Die Nabatäer assimilirten also wohl das L des Artikels ال nicht den ـSonnenbuch-staben-, vgl. 353. 371.

329   שלם אושי   *Gruss! Ausu*
                  בר חרמי   *der Sohn des Harâmû (?).*

חרמי?] حارم Wüstenfeld. Reg. 105 und in sabäischen Inschriften Halévy 411. 6. 504. 1. 3. el-'Oela XXX. — Uebrigens findet sich auch biblisch חרם Esra 2. 32. 10. 21. 31. Neh. 3. 11.

330   שלם נשעו בר אושי בטב
          Gruss! Nasaiqu der Sohn des Ausu in Gutem.

נשעו] Der Kopf des Jod ist stark nach rückwärts übergebogen.

331   דכיר וזדו בר   *Gedacht werde des Zaidu des Sohnes*
              תימאלהי בטב   *des Taim'allâhî in Gutem.*

332   שלם הלצת בר הרישו   *Gruss! Khâliṣat der Sohn des Harišu.*

333   Arabisch (-christlich?).

334   MINA   *Mina.*

335   Koptisch?

336   אבן אלקי —   *Ibn al-ḳ-j- +*

337   MOYΓHC   *Moses.*
         MOY . . .   *Mos . . .*

338   שלם פצי בר יש···   *Gruss! Fâsi der Sohn des S . . .*

339   خَيْر   *Alvou.*

340   שלם הלצת ב·····   *Gruss! Khâliṣat der S . . . . . .*

341   שלם ואלו בר   *Gruss! Wâ'ilu der Sohn des*
              עודו בחיר   *'Aodu in Gutem.*

בחיר] arabisch خَيْر, statt des aramäischen בטב, wie Nöldeke richtig erkannt hat.

+
342 AMEOC +　　　　　*Amros.*

Amos] soll wohl ܥܡܪܝ *'Umajju* sein. vgl. oben 259 *Amon*.

XII. Wâdi Mukátteb.

I. Gruppe

No. 343—574).

Durch den Wâdi Mukátteb sind wohl so ziemlich alle Reisenden gezogen, die den Sinaï besucht haben. Da die mit Inschriften bedeckten Felswände und Felsblöcke unmittelbar am Wege liegen, sind sie keinem halbwegs aufmerksamen Reisenden entgangen. Von hier stammen desshalb auch die meisten Copien sinaïtischer Inschriften, die nach Europa gekommen sind. Die beiden Hauptgruppen liegen nur etwa eine halbe Stunde auseinander. Binnen anderthalb Tagen habe ich beide Gruppen abgeschrieben und zwar die erste Gruppe, wie ich glaube, ziemlich vollständig (No. 343—574), von der zweiten (No. 575 bis 644) habe ich wenigstens alle wesentlichen nabatäischen aufgenommen. Nachträglich sehe ich zwar zu meinem Leidwesen, dass mir einige der von meinen Vorgängern bemerkten Inschriften entgangen sind. Oder aber — und diess will mir fast wahrscheinlicher vorkommen — es sind in der Zwischenzeit manche lockere Gesteinsmassen abgestürzt und liegen jetzt mit der beschriebenen Fläche nach unten. Dahin rechne ich besonders Lepsius 24, 47 (= Lottin 41, 1 ....) und Grey 83. Die Identität der Abzeichnungen ist oft schwierig nachzuweisen, nicht allein wegen der thatsächlichen mehrmaligen Namenseinträge, sondern auch weil bei den durcheinanderlaufenden Inschriften die Unkenntniss der Abschreiber die Gruppen öfters ganz falsch abgetheilt und daher ganz falsche Genealogien geliefert hat.

343　　　שלם אילא　　*Gruss! A'lā*

בר ד־ת　　*der Sohn des . . . . t.*

Steckt im letzten Worte derselbe Name wie in Lepsius 24, 2?

343ʲ　　　עבידו בר גמלא　　*'Ubaidu der Sohn des Gamlā (?).*

גמלא] Wäre aramäisch neben dem arabischen גמל No. 13, wie אלה neben

עבד (Euting, Nab. 15, 2), und עבדא 115 neben עבדי. Aber die Lesung ist nicht
ganz sicher. N: עברא palmyr. de Vogüé 124², Περιπου Wadd. 2169.²

344
L. 30, 1²

שלם שנרח בר אושלבעלי בטב Υ

Gruss! Šonrikh der Sohn des Ansalba'li in Gutem.

345
L. 30, 2. 3²

שלם נשמו בר
הרישו

*Gruss! Gošomu der Sohn des
Harišu.*

346 = ?

347

אלררחו ואלמם· · ·
פציאו

*Abeardu (?) und Abu . . .
Fusai'u.*

אלרדי] Am wahrscheinlichsten: אלר־־־. vgl. غَزوَةَ بن انوَرِدَ.

348

שלם נחרישו
בר יעלי
כהנו

*Gruss! Harišu
der Sohn des Ja'li,
Priester.*

נחרישו] Das vorgesetzte Nun ist ein zu tilgender Irrthum.

349

שלב פצי בר אעלא

Gruss! Fŭṣi der Sohn des A'lu.

350
L. 25, 1. 2

שלם נרגאלבעלי
בר עבדו בטב

*Gruss! Garm'alba'li
der Sohn des 'Ubaidu in Gutem.*

351
(L. 25. 3. 4
Lo. 15)

שלם חגכלו
בר נאלו

*Gruss! Hangalu
des Sohn des Gü'ilijju.*

נאלו] Nöldeke: جَنَثُل vgl. 315.

352
L. 25, 5
Lo. 37²

דכיר אושו · · · בטב

Gedacht werde des Ausu (?) . . . in Gutem.

353
L. 25, 6
Lo. 37²

ואלתבקו בר קימו כתבא

Und Altabiku (?) der Sohn des Kajjāmu der Schreiber (?).

כתבא] vgl. הכתב auf der lihjānischen Inschrift 1. 1 bei D. H. Müller,
Epigr. Denkm. aus Arabien (Denkschr. der Wiener Akad. ph.-h. Cl. XXXVII.
1889) S. 58.

אלתבקו] الثَّبِقُ؟

354   עודו וקיימו····   .... 'Audu und Kajjâmu.

355
[L. 40]   שלם אושו בר עידו   *Gruss! Ausu der Sohn des Aidu.*

356
[L. 50]   אפתח בר והבלהי   *Aftakh der Sohn des Wahballahi (?).*

וְהַבְּ־] غيث s. Euting. Nab. Inschriften aus Arabien 9. 10.

357   שלם חרישו   *Gruss! Harisu*
     בר פצי   *der Sohn des Fâsi.*

358
[L. 48]   שלם אושו בר   *Gruss! Ausu der Sohn des*
     נש··· בגב   *Nas . . . in Gabam.*

359   שלם ואלו בר חרישו   *Gruss! Wâ'ilu der Sohn des Harisu.*

360   שלם פצי בר אילא בגב   *Gruss! Fâsi der Sohn des Ilâ in Gabam.*

361   שלם אלהמ····   *Gruss! Alhem ...*
     בר דאבו בגב   *der Sohn des Dâbu in Gabam.*
Vgl. zu 529.

362
[L. 41]   V
     שלם חרישו   *Gruss! Harisu*
     בר עצרו בגב   *der Sohn des 'Asaru in Gabam.*

עצרו] عصر Wüstenfeld. Reg. 40. N: عضر auch Qâmûs: عصر Muh. b. Habib 31 sq.

363   דכיר עבדהרתת   *Gedacht werde des 'Abdhâritat*
     בר עמרו בר ערימו   *des Sohnes des 'Amru des Sohnes des*
               Gharîamu (?).

עבדהרתת] s. Nöldeke in Euting. Nab. 3. 11 S. 32 f.

ערימו] N: غريض ist nach Qâmûs نجيد حصى شمى .

364
[L. 32]   זידו בר והב   *Zaidu der Sohn des Wahb.*
והב] Man erwartet והבי.

364 עמיו בר נשנכיה בר   ʿUmajju der Sohn des N-š-n-k-j-h des
                                Sohnes des
          ואלה   Waʾilat.

נשנכיה] s. 51.

ואלה] N: وائلة ist Manns- und Weibername. ואלה Euting. Nab. 3. 1.
14 (mehrfach), aber da ist es Femininum, wie auch Οεαλαθι Wadd 2055.

364ᵇ   שלם עבדיו +   Gruss! ʿAbdijju (?)
               בר וביזה   der Sohn der Zubaidat.

עבדיו] vielleicht ist gemeint עבדי- =ʿUbaidu-.

וביזה] زُبَيْدَة.

365   ч שלם עמיו בר [עלהת בר]
               גרמאלבעלי בטב

Gruss! ʿAmamu der Sohn [des ʿAlhat des Sohnes des]
Garmʿalbaʿli in Gutem.

עלהת] ist ergänzt nach 366.

366   שלם עמיו בר עלהה
7. 35.   בר גרמאלבעלי
Le. 40.1
               Gruss! ʿAmamu der Sohn des ʿAlhat (??)
               des Sohnes des Garmʿalbaʿli.

עלהה] vgl. 19, 26, 67.

367   שלם בהנה בר   Gruss! B-kh-g-h der Sohn des
              עבדאלבעלי   ʿAbdʾalbaʿli.

בהנה] auch 115, 473, 496, 618, 674.

368   שלם הנטלו בר עמיו בטב   Gruss! Hantabu der Sohn des ʿUmajju
7.6. 40.2.   in Gutem.

              עמיו ברה   ʿUmajju sein Sohn.

369   ורידו   Waraidu (!).

ורידו] وَرِيدَة? N: finde ich nicht als Eigennamen; also wahrscheinlicher
وُرَيْدَة =Röslein-.

370   שלם היאל   *Gruss! Hiêl*
               בר שבתי בר   *der Sohn des Sabbetaj des Sohnes des*
               ארביו   *Arbijja (?).*

Offenbar jüdisch; die Namen finden sich sämmtlich biblisch: הִיאֵל 1. Kön.
16, 34; שַׁבְּתַי Esra 10, 15. Neh. 8, 7. 11, 16. הָאַרְבִּי 2. Sam. 23, 35 (*der aus
Aráb stammende*); vgl. 474, 3. N: 474 bestätigt ארב; da so nicht wohl ein
Jude ursprünglich heissen konnte, müsste er oder sein Sohn Proselyt gewesen sein.

371   שלם דאבו   *Gruss! Dâbu*
(L. 36)   בר אלזעבליו   *der Sohn des Alzaʿbalijju (?)*
            בטב   *in Gutem.*

[אלזעבלי] = ؞ الزُّعَبُلِي؟ N: زَعْبَل ist ein Name (Qâmûs). Die Schreibung
אלזע bestätigt die Vermuthung (s. zu 328), dass das ל nicht assimilirt wurde;
denn das nächstliegende war andernfalls doch אזעבלי.

372   שלם עמיו בר   *Gruss! ʿUmajju der Sohn des*
(L. 112?)   גרמאלבעלי   *Garmʿalbaʿli.*

373   שלם חלצת בר   *Gruss! Khâlisat der Sohn des*
             הנטלו   *Hantalu.*

374   שלם תימאלהי בר עבדאלהי בטב
Gruss! Taimʿallâhî der Sohn des ʿAbdʿallâhî in Gutem.

Das א im ersten Namen mit ganz aufgelöstem Ring, nur noch aus einem
schrägen langen Arm bestehend, wie im Früharabischen.

375   שלם עמיו בר   *Gruss! ʿUmajju der Sohn des*
(L. 33)   שמרח   *Sumrákh.*

376   דכיר אצלחו   *Gedacht werde des Aslahu*
            בנועין   . . . . . .

[אצלחו] Das ח findet sich in ähnlicher Weise auch in 402.

[בנועין] mir unverständlich.

Euting, Sinaïtische Inschriften.   7

377   שלם שעדאלהי   *Gruss! Sa'd'alāhi*
                 בר [בח]נה   *der Sohn des Bahgah (?).*

378   שלם הרישו   *Gruss! Harišu*
               בר אברש[ו]   *der Sohn des Abrašu (?).*

[אברש*ו*] Wenn überhaupt so zu lesen ist, dann اَبْرَش, vgl. 548 אלאברי*ש*; oder [*ו*אבריד] = اُبَيْرِد Wüstenfeld. Reg. 38.

379   שלם בטשו   *Gruss! Biṭāšu*
(L. 48)   בר בכרו   *der Sohn des Bakru.*

380 Λ † ɯ   *Λ Ω*
          ΚΡΈ   *Κύρα*
       ΕΛΕΙϹΟΝ   *ἐλέησον*
      ΤῶꞏΟΥΛ   *τὸν δοῦλον*
      ΑΔΛΟϹ   *Αθαος (?)*
      ΕΛ   *ϵα*

381   שלם עודו בר עמיו   *Gruss! 'Audu der Sohn des 'Umajju.*
(L. 39)

381ᵇ   ברוך ואלו   *Gesegnet sei Wā'ilu.*
(L. 39)

382   דביר עמרו בר   *Gedacht werde des 'Amru des Sohnes*
       ובריך פצין בטב   *[und] gesegnet sei des Fasijju in Gutem.*

383   דביר עבידו בר   *Gedacht werde des 'Ubaidu des Sohnes*
      ואלו ולאו והרישו   *des Wā'ilu, u. des Wā'ilu u. des Harišu*
     Y ושעדאלהי בנה   *und des Sa'd'alāhi seiner Söhne.*

Bei Lepsius steht am Schluss noch auf besonderer Zeile בטב "in Gutem", was mir entgangen ist.

בנה] ebenso 485 statt בניה, also etwa בנה benöjh? vgl. palmyrenisch: בנה ben de Vog. 80, ובניה de Vog. 21; siehe übrigens auch Lottin Pl. 7 Z. 4. 5 בניתי. N: Schwerlich sollte בנה = בניה sein; da hätten sie das ' gesetzt. Welche falsche Form die Leute gesprochen, können wir nicht wissen. Kann arabisch בניה??, eher בנה entweder nach der Form am Singular, oder die weibliche Form für die männliche.»

384 Protoarabisch.

(L. 42.
Lo. 45.) Prof. D. H. Müller hatte die Güte mir auf meine Anfrage über diese Inschrift Folgendes zu antworten:

„Die Inschrift Euting, sinait. 384 möchte ich auf den ersten Blick also lesen:

נב כנד קבר כנדל

Dieses [ist] das Grab für Kadal von Mathab.

Das Wort קבר ist nicht sicher. Deutlich ist nur in Ihrer und Lottin's Copie das ר; voran gehen zwei Buchstaben, die bei Ihnen ב, bei Lottin ⸌⸍ aussehen, bei Lepsius aber fehlen. Bedenklich ist mir allerdings das Wort קבר auch aus sachlichen Gründen, weil doch ein Fels kaum als Grab bezeichnet worden ist. Oder haben sie in Ihren Sinaïticis*) Beispiele hierfür? — Der Eigennamen קדל ist nicht belegt, auch seiner Wurzel nach nicht. Ich wage aber bei dem deutlichen Zeichen –o– keine Aenderung vorzunehmen. Liest man statt –o– einfach o, und nimmt an, dass die Strichlein durch die Unebenheiten des Felsens zu erklären sind, so haben wir כדל, einen Eigennamen, der auch im Nordarabien كَدَل (Ibn Dor. 244) und غدل (ibid. 208) vorkommt. Wie gesagt aber, die Copien haben קדל. Auch das n. l. مَكْلَب ist nicht belegbar, wohl aber die Wurzel خلب.

Eine ähnliche Inschrift bietet Euting, protarab. 772

נב קל בת עברמנת

*Dieses [gehört**] der K., Tochter des 'Abdmenât,*

ferner Euting, protarab. 669

הנא? חבב בן אגם

Dieses (?) dem Habab, Sohn des Agam.

Beide Inschriften sind senkrecht angeordnet; in beiden fehlt jedoch das קבר, wesswegen ich auch sehr zweifle, ob hier קבר zu lesen ist.

Sicher scheint mir zu lesen:

הן יר לקדל הבלהב

Zwischen dem ל und ה ist freilich auf allen drei Copien ⸌ oder ähnlich zu lesen. Ich vermuthe aber, dass dies ein Sprung im Stein oder ein verfehlter Versuch des Steinmetzen ist. Ein Buchstaben dieser Form ist im protoarabischen

---

*) Nein!
**) oder ist das ל als Lamed auctoris zu fassen.

Alphabet nicht bekannt. Es könnte höchstens eine verkümmerte Form von
⊤ = ﺑ = ר sein, dann müsste das n. l. مُلتَحِم gelesen werden, wogegen auch
nichts einzuwenden wäre.⁻

385   . . . .

        אחצמו בטב   *Akhṣamu (?) in Gutem.*

   [ארצמי] أحْصُمُ؟ N: Ich lese אתמי ·א.·

386   שלם כמלו בר   *Gruss! Kámilu (?) der Sohn des*
(L. 49. G. 31.
L. 34)   פנדשו   *Fandašu.*

Die Inschrift ist nach einem Abklatsch gezeichnet. Auffällig sind die
Formen des Kaf und des Resch. Sollte gar אבו gemeint sein?

פנדשו] = فَنْدَش, von Levy (S. 440) פלדיש (vgl. 1. Mos. 22, 22 פלדש), von
Blau (S. 385) فُرادِش gelesen. N: فَنْدَش Qâmûs, الفَنْدَش Ibn Dor. 252.·

387   שלם אבטשו [בר]   *Gruss! Abṭašu (?) [der Sohn des]*
           גרמאלבעלי   *Garm'alba'li.*

אבטשו] [أَبْطَش] so vermuthe ich: Nöldeke neigt zu אהמי. Es ist übrigens
bei dem rissigen und verwitterten Zustand des Felsens schwer etwas zu entscheiden.

388   א בריך א[פתח]   *Gesegnet sei A[ftakh]*
           בר יתגדה   *der Sohn des Jétégadeh.*

Der Name אפתח ist ergänzt nach 391ᵃ.

יתגדה] Ebenso 394. Das Jod ist nachlässig gemacht, vgl. Lottin 45, 2.
Nach Nöldeke für יֻ[א]תה »sein Glück kommt«; vgl. übrigens auch 1. Mos. 30,
11 Ketib: בגד, Keri: בא גד.

389   **Sulpis**   הנטלו   *Ḥanṭalu. Sulpis*
         1887.   *1887.*

390   שלם מעירקו בר עדמו   *Gruss! Mu'riḳu (?) der Sohn des 'Ad-*
                                  mu (?).

מעירקו] مُعِرف N: vgl. die Namen عَرْف, العِرْفِين Qâmûs.·
עדמי] siehe zu 175. N: עדמי?·

391   דכיר עבידו   *Gedacht werde des 'Ubaidu*
    Y בר ואלו בטב   *des Sohnes des Wā'ilu in Gutem.*

392   דכיר ואלו   *Gedacht werde des Wā'ilu*
    בר עמיו בטב   *des Sohnes des 'Umajju in Gutem.*

393   בריכה ברתה   *Gesegnet sei seine Tochter.*
(L. 58. Lo. 79,2)

394   בריכה ברת   *Gesegnet sei die Tochter des*
    בריו   *Burai'u.*

ברי-] Vielleicht ist das zweite Jod nur ein schlecht gerathenes Aleph, das unten offen geblieben ist.

394ᵃ   ברך אפתח   *Gesegnet sei Aftakh*
    בר יתגרה   *der Sohn des Jetegadeh.*
Vgl. zu 388.

395   דכיר כתיו   *Gedacht werde des Kutajju (?)*
(L. 56)   בר הניאו   *des Sohnes des Hunai'u*
    בטב [ושלם]   *in Gutem und Frieden.*

בהיי-] sonst auch אלבהי. häufig.

396   שלם אושו בר א ···   *Gruss! Ausu der Sohn des A ...*
(L. 53)

397   דכיר   *In Erinnerung bleibe*
    וברך   *und gesegnet sei*
    כלבו בר   *Kalbu der Sohn des*
    בריאו בטב   *Burai'u in Gutem.*

398   שלם אעלא בר אושו   *Gruss! Alā der Sohn des Ausu.*

398ᵃ   שלם שנדיו   *Gruss! Sagdijju (?).*
שנדיו] = ?

399   שלם אושו בר אוח   *Gruss! Ausu der Sohn des Awah (?).*
אוה] Die Lesung ist sicher, eine Deutung mir nicht möglich.

400 v שלם גרמאלבעלי כלבו

Gruss! Garm'alba'li [der Sohn] des Kalbu.

401 שלם שדאלבעלי בר הרישו

Gruss! Sa'd'alba'li der Sohn des Ḥarišu.

שעדאלבעלי [שעדאלבעלי] wohl Schreibfehler für שעדאלבעלי, gebildet wie שעדאלהי.

402 שלם אעללא בר שמרח *Gruss! 'Ala der Sohn des Šimraikh*
    כטב   *in Gutem.*

אעללא [אעללא] Schreibfehler für אעלא.

403 שלם אנינסמו   *Gruss! . . . . .*
    בר אושו   *der Sohn des Urušu.*

אנינסמו [אנינסמו] unsicher; Onesimu für Onesimus?

404 שלם פציו בר הרישו *Gruss! Faṣijju der Sohn des Ḥarišu*
(L. 56) בר יזדו כטב   *des Sohnes des Jazidu in Gutem.*

בר [בר] Das Resch ist bei Lepsius deutlicher; בז ויד wäre sinnlos.

יזדו [יזדו] يَزِيد.

405 שלם עלית   *Gruss! 'Alijjat (?)*
    ברת פצא   *die Tochter des Feṣè (?).*

עלית [עלית] عَلِيَّة.

פצא [פצא] siehe zu No. 25.

406 בריך הרישו   *Gesegnet sei Ḥarišu*
    גרמאלבעלי [בר] *[der Sohn des] Garm'alba'li.*

407 שלם יעלי בר   *Gruss! Ja'li der Sohn des*
    קבשׁו   *Kabišu (?).*

קבשׁו [קבשׁו] قَبِض .?. möglich wäre etwa noch קלבׁי zu lesen, womit Nöldeke

das N. pr. مِقْلاص vergleicht; oder sollte ein missrathenes קלהׁי dastehen?

408 שלם עמיו בר   *Gruss! 'Umajju der Sohn des*
    אבן צובו וברה *Ibn-Ṣaubu und sein Sohn*
    כטב   *in Gutem.*

409 שלם ואלו   *Gruss! Wâ'ila.*

410
(L. 59) רנה סוסיא רי   *Das ist das Pferd, welches*
עבד שׂעדלהי בר אילא   *gemacht hat Sa'dalláhi der Sohn des*
                                                             A'lâ.

Der Künstler hat sich über sein Pferd offenbar eben so sehr gefreut, als über seine Kunstleistung, vgl. 416; hoffen wir, dass es in natura noch schöner war.

411 שלם פצי בר זידו   *Gruss! Fáṣi (?) der Sohn des Zaidu.*

412 שלם שׁעדלהי בר   *Gruss! Sa'dalláhi der Sohn des*
עמיו בר שבעו   *'Umajju des Sohnes des Sab'u*
ועמיו ברה בטב   *und 'Umajju sein Sohn in Gutem.*

שבע] N: سبع‎ und سبٮ sind Namen (Ibn Dor.). Letzteres könnte zugleich Σαβαος sein (bei Waddington häufig); diess könnte freilich noch mancher anderen semitischen Form entsprechen.

413 שלם ענמו בר   *Gruss! Ghánimu der Sohn des*
עיניו   *'Uwainu.*

414 בריך רמאל   *Gesegnet sei Râm'êl*
בר אושו   *der Sohn des Ausu.*

רמאל] Zusammensetzungen mit אל im Nabatäischen sind היאל oben 370. רבאל Rab'êl, עליאל 'Eli'êl, מקימאל Meḳim'êl, רקיבאל Reḳib'êl, siehe Euting. Nab. Inschriften 1, 2. 25, 1. 27, 7. 14.

415 ץ שלם גדיו בר בהנה בטב
    Gruss! Gudajju der Sohn des Bahgah (?) in Gutem.

Ebenso 496. 618. 674.

415° גרמאלבעלי אחוהי   *Garm'albu'li sein Bruder.*

Vgl. „Garm'albu'li der Sohn des Bahgah (?)" 473.

416
(L.o. 38,3. 77,3) די עבד שׂעדלהי   *Das was gemacht hat Sa'dalláhi*
בר אילא בר · · · ·   *der Sohn des A'lâ des Sohnes des . . . .*

Die zwei Abzeichnungen, welche Lottin gegeben hat, weichen etwas von einander ab. — Vgl. 410.

417

רביר צחו   *Gedacht werde des Ṣaḥḥu*

בר גרמא   *des Sohnes des Garmí.*

צחו] N: Vgl. ضَحِيح Muḥ. b. Ḥabib 31. ضَحّ Qâmûs.

418
(L. 107)

שלם זאלו ובריאו   *Gruss! Wâ'ilu und Burai'u*

בני אלמבכרו   *die Söhne des Almubakkaru.*

419
(L. 108)

שלם אלנמלו בר   *Gruss! Algamalu der Sohn des*

עמיו   *'Umajju.*

נמלו] in No. 13 ohne Artikel.

420

שלם זידו   *Gruss! Zaidu*

בר פארן   *der Sohn des Fâ'râu.*

421

שלם לבאי בר תימאלהי

Gruss! Lab'aj (?) der Sohn des Taim'allâhi.

לבאי] Das Jod finale ist unsicher; vielleicht ist das unförmliche Zeichen überhaupt zu tilgen.

422

שלם חרשו   *Gruss! Ḥirśu*

בר דאבו ו   *der Sohn des Di'bu (?) und*

עמיו בר חרשו בטב   *'Umajju der Sohn des Ḥirśu in Gutem.*

דאבו] sieht wohl eher aus wie דאב; das Letztere ist aber doch unwahrscheinlich.

423
(L. 60)

בריך ודו בר   *Gesegnet sei Waddu der Sohn des*

קוסעדר   *Kos'adar (?).*

קוסעדר] zweifelhaft; entspräche dem Κοσαδαρος (aus Aeg.): auffällig ist die scriptio plena neben קסנתן Kosnatan in el-Ḥegr 12.1. Lepsius scheint allerdings etwas ganz anderes gesehen zu haben, etwa שימעיר oder שיהעיר (= ?).

424

שלם ענמו ויעלי בני   *Gruss! Ghânimu und Ja'li die Söhne*

פציו כזן יעלי   *des Fasyju des Sohnes des Ja'li.*

425

שלם ופצית בר   *Gruss! Fasajjat (?) der Sohn des*

שירללה   *Sa'dallâh.*

פצית] Das vorausgehende Waw ist irrthümlich eingemeisselt.

426	דנמלו	Hanṭalu.
427	שלם עבדאלבעלי	Gruss! 'Abd'alba'li.
428	שלם עידו בר אוסו	Gruss! 'Aidu der Sohn des Ausu.
429	Y שלם עבדאלהי בר פארן	Gruss! 'Abd'allâhi der Sohn des Fa'rân.
430	דכיר בטישו בר זידו בטב	Gedacht werde des Bitâšu des Sohns des Zaidu in Gutem.
431	שלם עבדשיא פקדאמרנו תיניה	Gruss! 'Abds . . i . . . . sein Knecht.

עבדשיא vielleicht derselbe Name wie in 317, aber gleich schlecht erhalten: עבדשלבא? das ist ein palmyrenischer Eigenname, siehe A. D. Mordt-
mann, Neue Beitr. z. Kunde Palmyras No. 59.

| 432 [L. 55] | > דכיר ואלו בר ישבו בטב | Gedacht werde des Wâ'ilu des Sohnes des 'Ušu (?) in Gutem. |

עישב]? unsicher; oder עישו = عيسو? Wüstfeld. Reg. 249. Nach
der Zeichnung bei Lepsius wäre עשו zu vermuthen.

433	שלם אלמבקרו בר ואלו	Gruss! Almubakkaru der Sohn des Wâ'ilu.
434	שלם עידו בר עמיו	Gruss! 'Aidu der Sohn des 'Umajju.
435	דכיר עבדאלבעלי בר חלצת	Gedacht werde des 'Abd'alba'li des Sohnes des Khaliṣat (?).

חלצת] oder חית? Hajjat N. pr. f.

| 436 | שלם יעלי בר חרישו | Gruss! Ja'li der Sohn des Harišu. |
| 437 | קדם דישרא ואלבעלו] בטישו בר ואלו | Vor Dusarâ und dem [Ba'al?] Baṭaišu (?) der Sohn des Wâ'ilu. |

א־שׂירי קרם מן ...] vgl. דבין ··· מן קרם דישׂירי ־ _Erinnerung ... vor Dûśarà_ in der nab. Inschr. von Laḳaṭ bei Euting, Nab. Inschr. aus Arabien S. 9, No. 38.

בבׁשׁ] nicht deutlich; vielleicht auch ילירי Walidu?

438   שלם ואלו בר   *Gruss! Wâ'ilu der Sohn des*
           צעבו בטב   *Saʿbu in Gutem.*

439   שלם אלמבקרו   *Gruss! Almubaḳḳaru*
           בר עודו בטב   *der Sohn des ʾAudu in Gutem.*

Lepsius 55, 2 ähnlich, aber wohl nicht identisch.

440   אתמו ···   *... Atumu*
       ·····אלהי בטב   *.......ʾallâhi in Gutem.*

441   ואלו בר   *Wâ'ilu der Sohn des*
          נקבו בטב   *Noḳbu in Gutem.*

نقب [נקבו] Wüstenfeld 331.

442   שלם עבדאלהי   *Gruss! ʾAbd'allâhi*
          בר תימאלהי   *der Sohn des Taim'allâhi*
          בטב   *in Gutem.*

443   דביר הל   *Gedacht werde des Khâlî-*
          צת בר עבד   *sat des Sohnes des ʾAbd-*
          אלהי בטב   *ʾallâhi in Gutem.*

444   דביר נורעלו   *Gedacht werde des ....*
          בר עבדאלהי בטב   *des Sohnes des ʾAbd'allâhi(?) in Gutem.*

Wohl eine der schlechtest geschriebenen Inschriften; besonders der erste Name ist ganz unsicher, und der zweite ist auch nur zu errathen.

445   שלם עבדלבעלי בר אלצילת
      Gruss! ʾAbd'albaʿli der Sohn des Alṣilat (?).

עבדלבעלי] Schreibfehler für עבדאלבעלי.

אלצילת] es scheint eher אלצינת dazustehen; doch was sollte das sein? Auch אלצילת ist von dunkler Abstammung und Bedeutung.

446 ‏7 בטב שלם מלידו בר אשודו‏   *In Gutem ?! Gruss! Maliḥu der Sohn*
(L. 68)   *des Aswadu*

‏בר] הליצת‏   *[des Sohnes des] Khâliṣat.*

‏בטב] unsicher.

‏[מלוּי] مليح‏ Wüstenfeld: N: oder مُسيح Muḥ. b. Habib 14.ᵛ

447   ‏שלם עבדאלבעלי בר אוֹשׁאלֹהֹין‏
                    Gruss! 'Abd'alba'li der Sohn des Aus'allâhi].

448   ‏דביר ואלו‏   *Gedacht werde des Wâ'ilu*
                    ‏בר בריאו ו‏   *des Sohnes des Burai'u, und*
                    ‏בריאו‏   *des Burai'u.*

Der zweitgenannte Burai'u ist wahrscheinlich Sohn des Wâ'ilu.

449   ‏שלם וידו בר‏   *Gruss! Zaidu der Sohn des*
(L. 67)   ‏תומאלהי שלם >‏   *Taim'allâhi. Gruss!*

450   ‏דביר צחבו‏   *Gedacht werde des Ṣaḥbu*
(L. 69)   ‏בר נרמאלהי בטב‏ *des Sohnes des Garm'allâhi in Gutem.*

‏[צחבי] صحبي‏ Wüstenfeld. Reg. 145. N: ضحي und ضحبي Muḥ. b. Habib.ᵛ
Derselbe Mann auch 515.

451   ‏שלם קטוֹו‏   *Gruss! Kuṭaiau (?)*
(L. 70, G. 24)   ‏בר בברו בטב‏   *der Sohn des Bakru in Gutem.*

‏[קטיו] Kuṭairu? oder קטיוֹ: N: „Ist's רטיר, so ist zu vergleichen قُطَير
(Qâmûs); ist's קטיו, vgl. قَطَب und قُضَب Ibn Doreid.ᵛ Unwahrscheinlich
‏קיי‏ Kuṭainu.

452   ‏דביר דאבו‏   *Gedacht werde des Di'bu*
(L. 78, G. 23)   ‏בר עמיו [ו]ברה‏ *des Sohnes des 'Umajju [und] seines*
                                    Sohnes.

453   ‏שלם‏   *Gruss!*
                    ‏נרמאלבעלי בר‏   *Garm'alba'li der Sohn des*
                    ‏מלדיֹשׁי‏   *Mulâdisu.*

‏[מלדֹשׁי] مُلَادِس‏ Wüstenfeld. Reg. 321. N: „Am nächsten liegt doch بلدس.ᵛ

454
L. 61ᵃ

MNH
CΘHm
EPMHC

Gedacht
werde des
Hermes.

454ᵇ
(L. 61b)

ברך ודו בר
זידו

Gesegnet sei Waddu der Sohn des
Zaidu.

455
L. 64ᵃ

שלם ואלו אלבבקרו

Gruss! Wâ'ilu [der Sohn des] Abubakkara.

456
(L. 64ᶜ)

שלם הורו בר עבידו א · · ·

Gruss! Hûru des Sohn des 'Ubaidu A . . .

457
L. 64ᵇ

דכיר תימאלהי בר יעלי שנת מאה עו
דמן על תלתת קיסרין

Gedacht werde des Taim'alláhi des Sohnes des Ja'li im Jahr Hundert VI,
welches gleich ist [dem Jahr der]   drei Kaiser.

Diese wichtige Inschrift, bei Lepsius 64ᶜ Zeile 2. 3, ist in ihrer Bedeutung meinen Vorgängern entgangen: Levy (ZDMG 1860, XIV, 448 f.) las unbegreiflicherweise:

דכיר תים־אל־חברי דכיר שׁל־יתם־אל־בעל
· · · · · · דכיר לעלם חלתת

Die Aera, nach welcher hier gerechnet wird, ist die Aera von Bosra, beginnend im März 105 n. Chr., weil in diesem Jahr das nabatäische Königreich mit der Residenz Petra durch Cornelius Palma den Feldherrn Trajans zerstört, und an seine Stelle die römische Provinz Arabia, mit der Hauptstadt Bosra, gesetzt wurde. Vgl. 319, 463.

Das Jahr 106 dieser Aera entspricht also dem Frühling 210 bis Frühling 211 n. Chr., in welches allerdings drei römische Kaiser fallen 1) Septimius Severus († 4. Febr. 211), 2) Caracalla und 3) dessen Bruder und Mitregent Geta (Febr. 212 von Caracalla ermordet).

N: Die Nachricht vom Tode des Septimius Severus und die Thronbesteigung der beiden andern konnte eben erst angekommen sein. Gerade so erklärt es sich, dass der Mann das notirte. Wenn damals im Bostrenischen Kalender Schaltjahr war (was wohl Niemand wissen kann), so hat man Spielraum bis gegen Ende April 211. Im ‫ربيع‬ werden die Leute wohl auch gerade ihre Kameele da geweidet haben.

‫מאה‬] beachte die Form des arabischen He finale.

‫שלם‬] als Subjekt ist zu ergänzen ‫שלם‬.

458 *16*
          ‫שלם‬   *= !*

459   ‫דכיר חלצת והברכן כני‬   *Gedacht werde des Khâiliṣat und des*
(L. 62. 77)   *Habarkân der Söhne des*
               ‫שעדאלהי בר חלצת‬   *Saʿd-allâhi des Sohnes des Khâiliṣat.*

Diese von einer charakteristischen Hand, etwas eckig, aber tief, gemeisselte Inschrift, ist von den meisten Reisenden angemerkt worden, und scheint sich an verschiedenen Stellen zu befinden, siehe Lepsius 62. 77. Lottin Pl. 34. 77. 79. Grey 27 (Beer 137).

‫הברכן‬] siehe zu 202. Vgl. Lepsius 164 und Beer 70.

460   ‫שלם אבאשו‬   *Gruss! Abuʾausu.*
(L. 63. G. 27b)

461   ‫שלם כלבו בר‬   *Gruss! Kalbu der Sohn des*
(L. 63. G. 27c)   ‫עבדאלבעלי בטב‬   *ʾAbd-albaʿli in Gutem.*

462   ϕ ? *Αβραμ.*   *Abram.*
          Ερεμιας.   *Jeremias.*

463   ‫בריך ואלו בר שעדאלהי‬
L. 80. G. 25) ‫דא בשנה 85 להפרכיה די‬
               ‫בה אחרבו ערבוא ארעא‬

Gesegnet sei Wâʿlu der Sohn des Saʿd-allâhi.
Diess [wurde geschrieben] im Jahre 85 der Eparchie, in
welchem die Araber das Land verwüsteten.

Die angegebenen Jahre werden hier gerechnet nach der „Eparchie", d. h. nach der Einsetzung eines Eparchen (Proconsuls) als Statthalters der Provinz Arabien (s. zu 457) d. h. wieder nach der Aera von Bosra: also 85 — 1 + 105 = 189 n. Chr. Diese Aera heisst auch in den griechischen Inschriften entweder die Aera der Bostrener, Wetzstein 111: *ετος . . . . της Βοστρηνων* [ἐπαρχ.], oder die Aera der Eparchie. Wetzstein 112: ἔτους . . . τῆς ἐπαρχίου epochae provincialis (wenn nicht geradezu ἐπαρχί[ας] zu lesen ist): CIG 4644: [ἔτους τῆς ἐπαρχ]είας . . . ἑκατοστοῦ τριακοστοῦ ἑτάτου [oder πιάρτου]. Die Schreibung von ἐπαρχος, ἐπαρχία mit ῆ ist häufig, auch im Syrischen.

Die Ziffern für 20 sind ähnlich den in der früh-arabischen Inschrift aus Harrān, bei de Vogüé. Syrie centrale S. 117 vgl. Euting. Nab. Inschr. S. 96 f.

Das Wort ערבא fällt mitten in einen Sprung des Felsens: das Resch und Beth ergibt sich indess mit Nothwendigkeit. Die Araber d. h. Beduinen dürften bei ihren gewiss zahlreichen Einfällen auf die Sinaïhalbinsel, in ihrem Hunger wohl nie zimpferlich mit dem Eigenthum der sesshaften Ansiedler umgegangen sein; wenn aber ein Handlungsbeflissener die Verwüstung des Landes hier auf den Felsen dem Gedächtniss der Nachwelt überliefert, so lässt sich daraus einigermaassen ahnen, wie arg die Horden in den palmenreichen Gründen des Wādi Feran und Umgegend gehaust haben mögen.

464	שלם עידו בר י‎ ‎˙ ‎˙ת	*Gruss! ʿAudu der Sohn des . . .*
	שלם בטב	*Gruss! in Gutem.*
465. 466	שלם אושו‎ ‎YY	*Gruss! Ausu*
	בר הרישו ושלם	*der Sohn des Harišu, und (?) Gruss!*
	גרמאלבעלי בטב	*Garmʾalbaʿli in Gutem.*

Wahrscheinlich gehören die beiden Inschriften zusammen.

467	וידו בר עבדו	*Zaidu der Sohn des ʾAbdu.*
468	שלם פצי בר יעלי	*Gruss! Fāṣi der Sohn des Jaʿli.*
469	‎˙ ‎˙ ‎˙ ‎˙ ‎ה שלעי‎ ‎ו	*!*
470	שלם אושו בר	*Gruss! Ausu der Sohn des*
	כברשו	*Muhraššu.*
471	‎טו	
	‎שו‎ʼʼ	*,*
	‎ʼʼʼלעʼ 4	
472	שלם עבדאהו בר	*Gruss! ʾAbdʾahjju (?) der Sohn des*
	עידו	*ʿAudu.*

עבדאהו] unklarer Abstammung; vgl. schon 156: עבדאהו?

473   שלם נרמאלבעלי   *Gruss! Garm albaʿli*
        בר בהנה   *der Sohn des Bohgah ?.*

474   שלם שלמנתן   *Gruss! Schelommatan ??*
        בר חית   *der Sohn der Hajjat,*
        אובין   *Aubijja ?.*

Sonderbar winklige Schrift. Auffallend ist das Resch in der Form des gewöhnlichen Waw; verschnörkeltes Beth in בר.

אובן; auch 370?

475   שלם שעדאלהי   *Gruss! Saʿd allâhi,*
        דכיר · · · ·   *Gedacht werde . . . .*

476   שלם   *Gruss!*
        תימאלהי   *Taim allâhi*
        בר ודו   *der Sohn des Wadda.*

477   שלם חרשו ועבדא   *Gruss! Harsa und ʿAbd a-*
(L. 71. G. 22)   לבעלי בני עבדי   *baʿli die Söhne des ʿUbaida*
        בבב   *in Gabem.*
        oYo   oYo

478   שלם בראי בר   *Gruss! Baraiʿa der Sohn des*
        יעלי בבב   *Jaʿli in Gabem.*

479   שלם עמי בר [יע]לי בר   *Gruss! Amana d. Sohn d. Jaʿli d. Sohnes*
        פארי בבב   *des Faʿran in Gabem.*

480   שלם אושו בר   *Gruss! Ausa der Sohn des*
        זידו   *Zaida.*

481   اسحق   *Ishâk.*

482   שלם עודו בר שעדאלהי   *Gruss! ʿAuda der Sohn des Saʿd allâhi.*

483   Zu
        ז,ויצע   *!*

484   שלם עבדאל[הי]   *Gruss! Abd'al[lâhi]*

אבאייתו בר   *Abû-'Uraïtjju (??) des Sohnes des (?)*

פצא   *Feṣè (?).*

485   שלם   *Gruss!*

עמיו בר כלבו   *'Umajjn der Sohn des Kalbu*

ובלבו [וגרמאלבעלי בניה   *und Kalbu [und] Garm'alba'li seine*

[בניה] siehe zu 383.   *Söhne.*

486 ·ΙΟϽϤϽ   *Ersu.*

[Lo. 46] Nach semitischer Art von rechts nach links geschrieben für *Ερσου* = ‏דדש‎ Hiršu.

487   שלם דאבו   *Gruss! Dî'bu*

בר עמיו   *der Sohn des 'Umajjn*

בטב   *in Gutem.*

488 ΟΥΡΕΟϹ   *Ureos.*

(L. 74)

489   דביר אתמו בר עבדאלהי בטב

Gedacht werde des Mtmmu des Sohnes des 'Abd'allâhi in Gutem.

489'   אכברו בר פירה בטב

Akharn der Sohn des Furairah (?) in Gutem.

‏فوير‎ = ‏פיירה‎?

490   Υ שלם זידו בר ואלו אברצה בטב

Gruss! Zaïdu der Sohn des Wâ'ilu . . . . in Gutem.

[אברצה] vgl. 509ᵃ: = ?

491   שלם אלהשפו בר אלניבקרו בטב

Gruss! Alhassaïfu der Sohn des Almubakkaru in Gutem.

492   > דביר אושו בר עבדאלבעלי כטב הרו

Gedacht werde des Ausu des Sohnes des 'Abd'alba'li in Gutem . . . .

493   שלם שעדאלהי בר עבדאלבעלי בטב

Gruss! Sa'd'allâhi der Sohn des 'Abd'alba'li in Gutem.

494   שלמו בר תימא בטב   Salam der Sohn des Taimai in Gutem.

495   Moses   Moses.

496   שלם בהנה בר נרמא   Gruss! Bahgah der Sohn des Garm'a-
       לבעלי בטב   Ba'li in Gutem.

497   שלם יעלי בר פרצי   Gruss! Ja'li der Sohn des Farrase.
       فرضي [פרצי] Wüstenfeld. Reg. 163.

498   Y שלם חרשו בר אלכת י ו בכל טב
       ויתיר יתברך
       Gruss! Harsu der Sohn des Alkutajja ? in allem Guten,
       und reichlich [sei er] gesegnet!

499   דביר פצי בר   Gedacht werde des Faisi des Sohnes des
       תימדשירא   Taimabasara.

500   שלם עהו בר ואלו   Gruss! 'Aahu der Sohn des Wa'ilu
       בר קרהו   des Sohnes des Karihu.

501   שלם אישהו בר עמו   Gruss! Asuratu der Sohn des 'Umajja
L. 77?   בטב   in Gutem.
       אישהו [אישהי] lies: אישהי.

502   Nasaos   = ?

503   שלם בהנה   Gruss! Bahgah.
       בהנה] wahrscheinlich so gemeint; scheinbar בהרה Longa.

504   Y שלב אהל בר ואלה   Gruss! Ahual ?? der Sohn des Wa'ilat.
L. 79.   اخول [אהל] ?? Vgl. 512.
Los 48?

505   שלב אשפה   Gruss! Aspah ?.
       אשפה] Nicht sicher; der Strich zwischen ש und פ könnte Waw oder
Resch sein sollen.

506   שלם אבן אלב   Gruss! Iba'alk ... [Sohn des]
L. 81,   דאלבעלי   l'Abd'allaeli.
       Euting, Sinaitische Inschriften.   9

507
L. S.

דביר עמו   *Gedacht werde des 'Umajju*
בר בעמה   *des Sohnes des Ka'mah*
בטב >   *in Gutem.*

508
L. ''

Παυλος   *Paulus*
Ζαχαριας   *Zacharias*
Βικτωρ   *Victor.*

509

שלם זידו   *Gruss! Zaidu (?).*

זבי] Das scheinbare זבי ist sinnlos.

509ᵃ

אלכתיו   *Alkutajju (?)*
בר אברצה   *der Sohn des Abraṣah (?).*

אברצה] Derselbe Name wie in 490.

510
(L. S.)

IWB φ̄ XOY̅ IA
   ō   KW   *Hiob . . . Jakob.*

511
(L. 9.)

דביר שלמו בר אשודו

Gedacht werde des Salimu des Sohnes des Aswadu.

Identisch mit Lepsius 94, vergleiche Lepsius 64.

512
(L. 9.)

ꝿ דביר ואלו   *Gedacht werde des Wâ'ilu*
בר עבדאלאחפרו · · ·   *des Sohnes des 'Abd'al'aḫfaru (?) . . .*

עבדאלאחפרו] vielleicht auch עבדאלאחילו? Vgl. 504.

513
Lo. 79,

Μωσα̣ι
φ
Λ   *Moses.*

Vgl. 495.

514
L. 82

Γαδος   *Gados*
ὁ Β[ο]ρα[ιο]υ]   *der Sohn des Baraï'u.*

Gemeint ist: עדי בר בריא (579).

515

דביר צחבו   *Gedacht werde des Ṣaḫbu*
בר גרמאלהי בטב   *des Sohnes des Garm'alḫihi in Gutem.*

Ebenso 450.

516 ⵣ שלם בריאו בר עבדאלבעל

Gruss! Buraī'a der Sohn des 'Abd'alba'li.

517 שלם · · · · ·

Gruss!

518 שלם · · · · · ·
מנדו בטב ושלם

Gruss! . . . . [der Sohn des]
Magdijja (?), in Gutem und Frieden.

[מנדו] auch 24. 104.

519
L. 101

ⵝ שלם אוישו בר פצו בטב

Gruss! Uraisu der Sohn des Fasijja in Gutem.

520
L. 97.

דכיר אלמבקרו
בר הובי בטב

Gedacht werde des Almubakkaru
des Sohnes des Haubin (?) in Gutem.

521
L. 121

דכיר אלחשבו בר
אלמבקרו בטב

Gedacht werde d. Alhassabu d. Sohnes
des Almubakkaru in Gutem.

522
L. 121.
s. 26)

דכיר הלצא בר חרישו
מדברו

Gedacht werde des Khalisu d. Sohnes
des Harisu
des Registranten ?.

[מדברו] ?? vgl. 99. Die Buchstaben sind sicher, ebenso bei Lepsius 121,
Seetzen 26 (Tuch XL. Ist dieses Appellativum die Bezeichnung des Rechnungs-
führers bei einer Karawane?

523

ⵗ שלם אבאלשן
בר ואלו בטב
ושלם

Gruss! Aba'alsin ?
der Sohn des Wa'ilu in Gutem
und Frieden.

[אבאלשו] oder אביאדשו = ?

524
L. 102

ⵝ שלם ואלו בר עודו בטב

Gruss! Wa'ilu der Sohn des 'Audu in Gutem.

524ᵃ
L. 102)

ושלם נרמאלהי
ולם נדדא ברת עננו

Und Gruss! Garm'allahi
der Bursche der Gudaibi ??, der Tochter des Ghaninu.

עליב] „Sklave, Bursche“ nach dem Syrischen; kommt auch mit Suff. vor
z. B. Leps. 24 u. 47 שלם עבדתת הפרבא ירבי עלימה: ebenso wie רים 431.

נרייא] N: „könnte ein Diminutivum zu einem جَُذّا sein.“

525   עבידו בר   'Ubaidu, der Sohn des
                         הרגלו   Hargulu.
דרגלי] Vgl. 78. 527.

525ᵃ   שלם עודו בר עמיו   Gruss! 'Audu der Sohn des 'Umajju.

526   שלם ואלו בר שעדאלהי   Gruss! Wâ'ilu der Sohn des Sa'd'allâhi.

527   שלם הרגלו בר עבידו   Gruss! Hargulu der Sohn des 'Ubaidu.
L.122 Derselbe Mann 78. Lepsius 122 und 162 (Wâdi Locheau).

528   ץ שלם ואלו בר הניאו בטב
L.122   Gruss! Wâ'ilu der Sohn des Hanai'u in Gutem.

529   שלם אלהמשו בר   Gruss! Alhâmišu(?) der Sohn
                  בר דבילת   der Sohn der Dubailat(?).
בר] Aus Versehen doppelt geschrieben.

אלהמשו] N: Vgl. 361 und 549. Am letzten Ort steht ebenso deutlich ד
wie hier שׁ. 361 lässt beides zu. Und doch mag man sich schwer entschliessen
הרמשו und אלהמשו für verschieden zu halten.“

דבילת] = ?

530   שלם ואלו בר   Gruss! Wâ'ilu der Sohn des
L.118. G.67.   זידו בר הרישו   Zaidu des Sohnes des Harišu.
Seetz. 276

531   שלם או]ו[שו בר הרישו בטב
Gruss! Ausu der Sohn des Harišu in Gutem.

532   רכיר בריאו בר ואלו בטב
Gedacht werde des Burai'u des Sohnes des Wâ'ilu in Gutem.

533   רכיר [ף ׳] בר צחבו בטב
Gedacht werde des F[...] des Sohnes des Sahbu in Gutem.

Der Schreiber scheint nach dem ב die übrigen Buchstaben des Namens ausgelassen zu haben; denn die zwei nachfolgenden Zeichen dürften doch wohl בר sein.

| 534 | שלם חלצת בר | Gruss! Khaïlisat der Sohn des |
| | בריאו בטב | Baraï'u in Gutem. |

| 535
(L.111. G.71ᵃ.
Lo. 38) | שלם עבדאלהי | Gruss! 'Abd'allāhi |
| | בר חליפו | der Sohn des Khalaïfu. |

خليف [חליף.

| 536
(L.117. G.71ᵇ.
Lo. 38) | שלם עמו בר | Gruss! 'Umajju der Sohn des |
| | ראבו בטב | Di'bu in Gutem. |

537	שלם פרדו בר ואלו בר	Gruss! Fáridu (?) der Sohn des Wâ'ilu des Sohnes des
	שעדת די מודי די	Sâ'idat, welcher bekennt, dass [er]
	[הן] בר חרי כלבו	ein Freigelassener des Kalbu ist.

فرد? oder ist gemeint יודי Wardu? [פרדו

شعد? oder شعب? [שעדת

Im folgenden Passus ist nicht etwa די מקרי = די מקרי zu lesen, sondern mit Nöldeke gewiss richtig: [הן] די בר חרי כלבו. Zu dem בר חרי vergleiche in der palmyrenischen Inschrift von South Shields

רגינא בת חרי בריתא   Regina die Freigelassene des Bar'atê.

| 538
(L. 114) | שלם ואלו בר עממו בר | |

Gruss! Wâ'ilu der Sohn des 'Amamu des Sohnes des [. . . .].

| 539 | דכיר אלצבי בר | Gedacht werde d. Alṣabijju (?) d. Sohnes |
| | אלאהרשו בטב | des Makhrasu in Gutem. |

النصبي [אלצבי vgl. 574.

| 539ʸ | + ܕܘܡܐ | — ? |

540 (L. 118)	שלם עבידו בר	Gruss! 'Ubaïdu der Sohn des
	אושו	Ausu
	ברה	sein Sohn . . . .

541 שׁלם נרמאלבעלי בר   *Gruss! Garm'alba'li der Sohn des*
L. 19   אושׁלבבעלי בטב   *Ausalba'li in Gutem.*

Nachdem bei Lepsius das doppelte ב fehlt, ist anzunehmen, dass es nur
ein Fehler von mir ist, wenn es zweimal erscheint.

542   שׁלם עבדאלבעלי   *Gruss! 'Abd'alba'li*
    בר סלונם בטב   *der Sohn des Silvanus in Gutem.*

סלונם Silvanus, ebenso 580.

543   שׁלם הרישׁו   *Gruss! Ḥarišu*
    בר עבדאלבעלי   *der Sohn des 'Abd'alba'li*
    + בר יעלי   *des Sohnes des Ja'li.*

544   Y שׁלם אילא   *Gruss! Ali*
i. 116.
L. 56   בר עמיו שׁלשׁא׳א   *der Sohn des Umajju . . . . .*

Die Buchstabengruppe am Schlusse ist mir unverständlich.

N: „Nach der Abbildung bei Lepsius vielleicht שׁלשׁאא oder einfach שׁרשׁאא
„vom Stamme שׁלש. Oben in No. 12 hätten wir die arabische Form שׁלמי (wie
wir arabisch בניו neben בנוא und בהנוא haben)."

545   דכיר בכל כב   *Gedacht werde in allem Guten.*

Ein dazu gehöriger Name findet sich nicht vor.

546   ···ו בר   *. . . u der Sohn des*
    עבד אלבעלי   *['.]Abd'alba'li.*

547   דכיר בטב דאבו בר   *Gedacht werde in Gutem des Di'bu des*
         Sohnes des
    עמיו   *Umajju.*

548   דכיר ואלו בר   *Gedacht werde des Wä'ilu des Sohnes*
L. 42   אלאברשׁו בטב   *des Al'abrašu in Gutem.*

אלאברשׁו] Vergleiche das zweifelhafte אברשׁו in 378, und für die Bedeutung den mehrfach vorkommenden Eigennamen בבׁ שׁרׁבׁ Mubrašša.

N: أبرش kommt als Eigenname vor, ebenso das Femininum بَرْشَاء."

549
(L. 120.

שלם ׀ דאבו בר ואלו　　*Gruss! Diʿbu (?) der Sohn des Wáʾilu.*

Lo. 35ʳ דאב] sehr fraglich; der vorausgehende Strich soll nur eine Abtrennung, aber keinen Buchstaben bedeuten. N: דאב scheint mir unmöglich. (הברי) oder (הארי) ist durch die drei Zeichnungen gegeben. ל wohl für א, also אלהברי, אלהברי, vgl. zu 529.

550
(G. 122ᵇ

רביר ימו · · ·　　*Gedacht werde des ʿUmajja . . .*
כהן עליא　　*des obersten Priesters (?).*

Leider finde ich zur Controle keine Copie der Inschrift bei Lepsius, glaube aber, dass sie in der No. 122 bei Grey steckt, an welcher noch Stücke einer andern Inschrift angehängt scheinen.

551
(G. 54)

שלם עבדאלהי　　*Gruss! Abdʾalláhi*
בר ואלו די עמר　　*der Sohn des Wáʾilu, der da wohnt*
באילה　　*zu Ailat.*

באילה] ist die schon aus dem A. T. bekannte Hafenstadt am rothen Meere אילת, אילה, heut zu Tage أيله in der Nähe des modernen Castells ʾAkabah.

552

שלם חרישו ותים · · ·　　*Gruss! Harišu und Taim[ʾalláhi].*

553

שלם אבןאלקין א · ·　　*Gruss! Ibnʾal-Kain A . .*
בר אושו　　*der Sohn des Ausu.*

אבןאלקין] Auffallend ist, dass der Name nicht אבןאלקין lautet.

554

שלם פצי · · ·　　*Gruss! Fáṣi . . .*

555

עבדאלבעלי　　*ʾAbdʾalbáʿli*
בר אושלהי　　*der Sohn des Ausalláhi.*

556

אבאושו בר　　*Abuʾausu der Sohn des*
חרישו　　*Harišu.*

557
Lo. 35

שלם חרישו בר קינו
Gruss! Harišu der Sohn des Kainu.

558
L. 117. Ls. 33.
G. 41

שלם אלמבקרו
בר עמיו
שעיו בטב

Gruss! Almubakkaru
der Sohn des 'Umajju
[der Sohn des] Sâ'ijju (?) in Gutem.

שעיו] N: Ist wohl eine Nisba سعي oder dergleichen.

559
L. 117. Ls. 33.
G. 42

שלם עבדחושרא בר תנתלו
ואושלבעלי בר גרמלהי בר חיטמו

Gruss! 'Abdhúšará der Sohn des Tantalu
und Auṣalba'li der Sohn des Garmalláhi des Sohnes des Khaitamu (?).

תנתל] N: Zu der Wurzel فتخ *sich beschmutzen*, خنتل *fautes Ei-*
(Qâmûs)? تمل soll = قصر sein. ebenso تمل Qâmûs. aber تمل تمل wird mit
Recht ebenso erklärt. also sind jene Formen wohl nur Verschreibungen.

חיטמו] N: Vgl. die Namen خنیمة, خنيمة, خنیمة.

560
L. 113. Ls. 35.

שלם חנטלו
בר דאבו בטב

Gruss! Ḥanṭalu
der Sohn des Dî'bu in Gutem.

561
Ls. 31.

שלם חרי
שו בר קינו

Gruss! Ḥarí-
šu der Sohn des Kainu.

562
Ls. 35.

שלם עמרו בטב ועבד
אלבעלי ברה

Gruss! 'Amru in Gutem, und 'Abd-
'alba'li sein Sohn.

עבד־אלבעלי] In dieser schlechten Schrift sind ע und ב zusammengewachsen,
so dass es aussieht wie ein ש; umgekehrt ist in עמרו das Mem in zwei Theile
zerrissen.

563

שלם עבדאלבעלי בר
שעדאלהי

Gruss! 'Abd'alba'li [der Sohn des]
Sa'd'alláhi.

564

שלם שעדאלהי
בר עליו בטב

Gruss! Sa'd'alláhi
der Sohn des 'Alijju in Gutem.

Derselbe Mann auch 568 und Lepsius 31. sein Sohn Bakru 226.

565

שלם חזיו
בר בטשו

Gruss! Ḥazizu
der Sohn des Baṭâšu.

חוני] حُوَيْنِ. Möglicherweise aber ist auch חני Ḥunainu gemeint, vergleiche 576.

| 566 | דביר אושאלהי בר הני | Gedacht werde des Aus'allâhi des Sohnes des Ḥunai- |
| | או בטב | 'u in Gutem. |

567	שלם אלשכיו בר	Gruss! Alšukajju (?) der Sohn des
	אושאלבעלי	Aus'alba'li
	בים שה די אבאו	. . . . Abu'uwai-
	ושו בטב	su (?) in Gutem.

אלשכי] N: Vgl. das palmyrenische שכי Šokeius. In der dritten Zeile glaube ich zuerst lesen zu sollen בים שה די אב — Am Tage sechs [des Monats] Ab"; dem steht aber entgegen, dass das erste Zeichen doch ein ziemlich deutliches Kaf ist, ferner dass es nicht שה, sondern שהא heissen müsste. Und überdiess was mit dem nachhinkenden Uwaisu anfangen?

| 568 | דביר שעדאלהי | Gedacht werde des Sa'd'allâhi |
| | בר בר עליו בטב | des Sohnes des 'Alijju in Gutem. |

Der Schreiber hat das בר irrthümlich wiederholt. — Vgl. 564.

569	דביר גרמאלבעלי	Gedacht werde des Garm'alba'li
	בר כלבו בטב	des Sohnes des Kalbu in Gutem
	ושלם	und Frieden.

| 570 | שלם זידו בר שמ[רח] | Gruss! Zaidu der Sohn des Simrâkh |
| | בטב | in Gutem. |

| 571 (L. 105) | שלם מגדיו נשעו | Gruss! Magdijju [der Sohn des] Nušaiu (?). |

| 572 (L. 105) | שלם חלצת בר ואלו | Gruss! Khâliṣat der Sohn des Wâ'ilu. |

| 573 (L. 105) | שלם גרמאל בעלי בר כלבו | Gruss! Garm'alba'li der Sohn des Kalbu. |

574
L. 116

רביר אלצבין בר   *Gedacht werde des Aṣabijju des Sohnes*
אלאהרשי בטב   *des Al'akhrasu in Gutem.*

Ich bin nicht sicher, ob die Inschrift nicht identisch ist mit No. 539;
in meinem Tagebuch ist angemerkt: „schon einmal copirt?"

XIII. Wâdi Mukátteb.

II. Gruppe

(No. 575—641).

Die zweite Gruppe ist etwa eine halbe Stunde abwärts von der ersten
und zwar ausschliesslich auf der linken Seite des Thals gelegen. Von den
nabatäischen habe ich wenigstens die besser erhaltenen, von den griechischen
und arabischen aber nur einige Proben aufgenommen.

575
G. 13?

שלם עיידו ואבא'ושו   *Gruss! 'Ijaidu und Abu'ansu*
ובריאו בני חרישו בטב   *und Burai'u die Söhne des Ḥarîša in*
                          Gutem.

Es sind dieselben drei Brüder wie in 161 und 668.

Der einzelne Block mit dieser Inschrift befindet sich unterwegs zwischen
der ersten und zweiten Gruppe.

576

שלם זידו בר חנינו   *Gruss! Zaidu der Sohn des Ḥunainu (?)*
וחנינו ברה   *und Ḥunainu sein Sohn.*

Man wäre geneigt, das erste Ḥunainu eher חזיזו Ḥazizu (wie 565) zu
lesen, beim zweiten ist aber das Nun sicher an das Waw angehängt.

577 Arabisch (L. 123, Seetzen 20).

578 שלם צנאה   *Gruss! . . . .*

579 שלם נעדו בר ודו בטב
Gruss! Ga'du (?) der Sohn des Wudajju (?) in Gutem.

נעד] N: .= *Veddog* 514 (verschieden von *Veddog* Wetzstein 75, Wadd.
2267. جَدّ hebr. גד).

יייי] vgl. 592. N: „Es kann sehr wohl gleich dem Namen (Qâmûs) أَذَى

(für وَذَى) sein.“

580 שלם כלונס   *Gruss! Silvanus.*

Vgl. 542.

581 Kufisch. Descr. de l'Égypte Pl. 57, No. 73.

582 שלם ואלו בר   *Gruss! Wâ'ilu der Sohn des*
קרהה בטב   *Karhah (?) in Gutem.*

קרדד] Vgl. Grey 44.

583   שלם אושו   *Gruss! Ausu.*
'G. 165'

584   דביר ואלו   *Gedacht werde des Wâ'ilu*
'G. 166'   בר עודו בר   *des Sohnes des 'Audu des Sohnes des*
כלבו   *Kalbu.*

585   דביר יהו בר עמרו   *Gedacht werde des Jahajju (?) des Soh-*
'G. 166'   *nes des 'Amru*
בכל טב   *in allem Guten (?)*
בטב   *in Gutem.*

יהו] N: = يَحْيَى? (eigentlich يَحْيَى oder Jahjó?) oder يَحْمِيَ?

586   V דביר ו   *Gedacht werde des Wâ-*
אלו בר   *[i]'lu des Sohnes des*
עייד ו   *'Uaidu (?)*
בטב   *in Gutem.*

587 Ba . . o-   *. . . .*
L. 124)   u
. oize
+ Aww   *+ Amen*
Εἷς θεὸς ὁ βοηθῶν.   *Einer, Gott, ist der Helfer.*

588 שלם עבדאלבעלי בר אושו   *Gruss! 'Abd'alba'li der Sohn des Ausu.*
10*

589	שלב ציבי בר עביו בטב	Gruss! Şaubu der Sohn des 'Unajju in Gutem.
590	שלם עבידו בר · · · · בטב	Gruss! 'Ubaidu der Sohn des . . . . in Gutem.
591	· · · · בר תימאלה	Gruss! Taim'alhih.
592	דכיר ודיו בר אלמבקרו ["ר] siehe zu 579.	Gedacht werde des Wudajju des Sohnes des Almubakkaru.
593	שלם ואלו בר פידו בטב نِبَ [ف]ـيدُ.	Gruss! Wâ'ilu der Sohn des Fajjâdu (?) in Gutem.
594	שלם חלצת בר הנטלו	Gruss! Khâliṣat der Sohn des Ḥanṭalu.
595	דכיר אבקומו · · · · · יו בטב	Gedacht werde des Ibn-Kaumu . . . ju in Gutem.
596	ם דכיר אושו בר הרשו טריו בטב MNHCΘH AYCOC ЕР⳯⳯ ΚΑΛΙΤΑΙΟΥΜΑΡ · · · · · · · · ·	

Gedacht werde des Ausu des Sohnes des Hirśu Ṭ-r-j-u in Gutem.
Gedacht werde des Ausos Ersu
[der auch] genannt wird [des] Umaru
· · · · · ·

Diese Inschrift ist zwar schon oft abgebildet und besprochen worden, ohne eine abschliessende Lesung und Lösung zu finden. Sie findet sich bei Lepsius 127 (fehlt bei Lottin, und soll bei Prudhoe pl. VI stehen) Coutelle et Rozière 58, 74. Beer 108 Tab. XII, CIG 2668³, Levy in ZDMG XIV, 1860 S. 470 f., Meier in ZDMG XVII, 1863 S. 595 f. Porphyr Uspenski, Pismena S. 16, Lenormant im Journal asiatique 1859, I, 39.

Was den nabatäischen Theil betrifft, so bietet Schwierigkeit nur das
Wort, welches ich רשד lese [Levy רבד, Meier רבד]. Was das für ein Name
sein soll, wage ich nicht zu bestimmen. An Thaddaeus zu denken, ist ausge-
schlossen, das wäre רדת. N: „überhaupt nicht an eine Wurzel רד, die gibt es
nicht; רשד ist eine Nisba. = ?״

Ob zu Beginn das gewöhnliche רכד steht, mit einem voraus-gehenden
sinnlosen Zeichen, oder ein Participium Ethpeal רכדתמ [Levy], ist unwesentlich.

Der griechische Text leidet immer mehr unter dem Zahn der Zeit.
Nach den älteren Abbildungen, und nach einem Gipsabguss, den ich 1874 in
den Sammlungen des Palest. Explor. Fund [South Kens. Mus.] gesehen habe,
scheint er früher noch etwas deutlicher gewesen zu sein, und gelautet zu haben:

Μνησθῇ Ἴρσος Ερσοι
ζαλιτοι Οὐαάροι
ἐν ἀγαθῷ.

N: „Lepsius hat OYMAPOY: das οι ist wichtig; _man meint ihn den
Sohn des Omar". Omar war also nicht etwa Beiname des Vaters, sondern
Name des Adoptivvaters oder Pflegers.״

597
. . . . . .
צבֿוֿחֿ צֿיֿוֿיֿ   /

598
דבֿיֿרֿ אלֿהֿ   Gedacht werde des Alkhus-
שֿפֿיֿ בֿר זֿדֿו   safa des Sohnes des Zaida
בֿטֿבֿ   in Gutem.

599
שׁלֿם קֿסׁיֿטׁוֿ   Gruss! Käsitu
בֿר הֿנֿיֿאֿן   der Sohn des Hani'u?].
[קשׁיׁו N: ـ‎.ـ‎]

600
דבֿיֿר זֿאלֿוֿ בֿר שׁנׁרֿה ושׁלֿמֿה ברתה
Gedacht werde des Wa'ilu des Sohnes des Šimrãkh
und der Salmã seiner Tochter.
[ושׁלֿמֿה N: سـلمـى.‎]

, Eine Zeit lang war ich geneigt רשד für möglich zu halten, indem ich an das p. 66 erwähnte
ישד Jaddai [Ἰαδδαῖος], dachte und an das Keri in Esra 10, 43; allein die Texte, wir die dort scheinen
** Vgl. Grey 113. Beer 97, = Euting PS. II, 15.

601 שלם שלם ׳׳ו ץלים אלבני׳׳׳

Gruss! . . . . . Sklave des Alb . . .

Sehr undeutlich.

602 שלם אניתאלהי ברת גדו ׳׳׳׳עׄת׳׳ ׳עין בטב

Gruss! Amat'alhihi die Tochter des Gudajju . . . . in Gutem.

Die zweite Hälfte unleserlich; vgl. Fundgruben II, 10.

603 ∨ שלם טילה   *Gruss! . . . .*
　　　　　בר דמנו   *der Sohn des Dámiqu.*

טׄילה [Vgl. 114, 203, 606.

604 דביר נשׄנבׄה   *Gedacht werde des N-s-n-k-j-h*
　　　　　בר עצרו   *des Sohnes des 'Asru (?).*

עׄצׄרׄי] Vgl. 610 und zu No. 51.

604ᵃ תימו   *Des Taimu*
　　　　　דביר   *werde gedacht.*

Das einzige Mal, dass דביר am Schlusse steht.

605 שלם עבידו בר ואלו   *Gruss! 'Ubaidu der Sohn des Wä'ilu*
　　　　ואל[ו] ברה   *und Wä'il[u] sein Sohn.*

Das Waw fehlt auf dem Original, siehe die verschiedenen Copieen bei Beer 114—117.

606 דביר רמנו בר   *Gedacht werde des Dámiqu des Sohnes*
　　　　טילה בטב ו   *des Tilah (?) in Gutem und*
　　　　שלם   *Frieden.*

טׄילה] Das טׄ ist durch eine Ligatur ausgedrückt. Es ist wohl derselbe Mann wie 203, vgl. 603.

607 ברך ׳׳׳׳   *Gesegnet sei . . . .*
　　　　בר זידו   *der Sohn des Zaidu.*

608 בריך
מכאלהי.
Gesegnet sei
Mukimallâhi.

מקבלהי Vgl. מכיאל Mekini'el in el-Hegr 1.

609 דכיר אלמבקרו בר עידו
Gedacht werde des Almubakkaru des Sohnes des 'Uwaiw.

610 דכיר נשנבה
בר יצרו
Gedacht werde des N-s-n-k-j-h
des Sohnes des 'Agra'u.
Vgl. 604.

611 דכיר הניאו
(L. 155) בר אוישאלהי בטב
Gedacht werde des Hâni'u
des Sohnes des Aos'alhihi in Gutem.

612 בר נלמאקרו בכב
Der Sohn des . . . . in Gutem.

Mit diesem Namen weiss ich nichts anzufangen. N: Ich würde immer noch am ehesten an דכיר denken. Es ist wohl Zufall, dass auch 616 דכיר ohne בר voransteht.

613 שלם בעמה
Gruss! Ka'mah.

614 הגבלו בטב
Hantala in Gutem.

615 Κοζὸν γένος .Ιούλιος
στρατιώτης ἔγραψα τὸ
λάν ἰμῇ χειρί
Ein arges Geschlecht! Ich Lupus,
ein Soldat, habe das Ganze
mit meiner [eigenen] Hand geschrieben.

Lepsius 134 (vgl. 158). Lottin 32. Grey Pl. 13, 8. Laborde Pl. 10.

616 שלם בריאו בר · ואלו
קרהו
Gruss! Bara'u der Sohn des Wâ'ilu
[des Sohnes des] Kârihu.

Das Zeichen vor ואל ist bedeutungslos und wahrscheinlich schon früher als diese Inschrift eingemeisselt gewesen.

617 דכיר עבדאלבעלי
בכב ושלם
Gedacht werde des 'Abd'alba'li
in Gutem und Frieden.

618 שלם נדו בר בהנה
(L. 143)
Gruss! Gadajja der Sohn des Bahçah.

619   Ἰωσαφᾶ 'Ράδιος   Joasaph aus Rhodos.
Les. 28

620   שלם אלראבו   Gruss! Aldî'bu
         בר חרשו   der Sohn des Ḥiršu.

621   שלם אישו בר פצין כטב
         Gruss! 'Uraišu der Sohn des Faṣijju in Gutem.

622   שלם ערקבו בר והבאלהי
         Gruss! 'Arḳabu (?) der Sohn des Wahb'allâhi.

ערקב] sehr zweifelhaft. Der alte mythische غرقب bleibt am besten ganz
aus dem Spiel.

623   ברך אילא בר תבהו   Gesegnet sei Nhi der Sohn des Tâhitu.
         تبهي [תבהי.

624   דביר שלמו בר תימ   Gedacht werde des Sâlimu des Sohnes
                                       des Taim-
         אלהי בטב ושלם   'allâhi in Gutem und Frieden.

625   שלם אעלא בר זידו   Gruss! Nhi der Sohn des Zaida.
         אעלא] Das Alef am Schluss ist etwas auseinandergezerrt.

626   דביר פצי בר פידו כטב
         Gedacht werde des Fâṣi des Sohnes des Fajjidu in Gutem.

627   שלם עמיו בר עידו   Gruss! 'Umajju der Sohn des 'Aulu.
         Diese Lesung mit Wahrscheinlichkeit nach der deutlicheren Aufzeich-
nung 639.

628   שלם ואלו בר הנאו   Gruss! Wâʾilu der Sohn des Hunaiʾu.

629   דביר,ן זידו ו   Gedacht werde des Zaidu und
         עמיו ואלה   des 'Umajju (?) [der Söhne des] Wâʾi-
                                       lat (?).

630   שלם אגמה כטב   Gruss! Agmah (?) in Gutem.
         أغمه [אגמה ?

631
(L.139. Lc.25)

שלם עבדאלבעלי בר
עבדאלבעלי בטב

Gruss! 'Abd'alba'li der Sohn des
'Abd'alba'li in Gutem.

632
L.140.
Lc.25, G.56.
Beer 109—112?

שלם אושו בר כלבו ובלבו ברה בטב

Gruss! Ausu der Sohn des Kalbu und Kalbu
sein Sohn in Gutem.

633

שלם עבדאלבעלי בר אושאלהי

Gruss! 'Abd'alba'li der Sohn des Aus'allāhi.

634

שלם עמירת בר אושו

Gruss! 'Amirat der Sohn des Ausu.

עמירת] auch No. 63. el-Hegr 19, 1. عمير.

635

נעירה בר אבי· · · · ·

Nā'irat (?) der Sohn des Abu—.

נעירה] N: Qâmûs hat als Namen نَعير. Ibn Dor. 327 نعير vgl. Vogüé
Wadd. 2412ᵐ, Noeque CIG 4595 = نَعير.

636
(L.142?

שלם כלבו בר זידו בטב

Gruss! Kalbu der Sohn des Zaidu in
Gutem.

637
(L.142?

שלם עודו בר
ואלו בטב

Gruss! 'Audu der Sohn des
Wā'ilu in Gutem.

638 = 641

שלם אושלהי
בר אילא

Gruss! Ausallāhi
der Sohn des 'Ilā.

Irrthümlich in meinem Tagebuch nochmals als 641 aufgeführt.

639

שלם עמיו בר עודו

Gruss! 'Umajju der Sohn des 'Audu.

Vgl. 627.

640

שלם עבדאלבעלי בר
עמרו בטב

Gruss! 'Abd'alba'li der Sohn des
'Amru in Gutem.

641 = 638.

642

מענלהי בר· · · ·

Ma'nallāhi der Sohn des . . . .

מענלהי] vgl. מנשאחי in Euting. Nab. Inschr. S. 13, No. 5, S. 58 nab. 56.

Euting, Sinaitische Inschriften. 11

643   שלם עמרו בר בלבו די בנת ‘ ‘ ‘

בו בטנ[הו]

Gruss! ʼAmru der Sohn des Kalbu, welcher . . .

644   בריך נתנו בר עלי

ובנוהי בטב

*Gesegnet sei Nátigu(?) der Sohn des ʼAli
und seine Söhne in Gutem.*

בנת] Irgend eine Ableitung von بنى.

XIV. Wàdi Ḳéne

(No. 645—670).

Am östlichen Ende des Wàdi Maghàrah mündet von Norden herein der Wàdi Ḳéne. Wenn man denselben aufwärts geht, trifft man rechts und links nabatäische, auch hieroglyphische Inschriften. Eine grössere Gruppe findet sich in unmittelbarer Nähe der alten und neuen Häuserruinen, welche von den Arbeitern der Türkis-Minen herrühren. Einen der Steinhaufen bezeichnete mein beduinischer Begleiter als das Haus des „Khawàgah Màger“. Ich mühte mich lange ab, herauszubringen, wer das gewesen sein könnte. Erst durch die Erläuterung, das sei ein Engländer gewesen, der vor mehr als 20 Jahren hier die Türkis-Minen wieder ausbeuten wollte, wurde mir klar, dass das „Màger“ die beduinische (und ägyptische) Aussprache war für Mädscher („Major“ — nämlich Namens Macdonald —). Die Minen sind übrigens im vorigen Jahr wieder Tag und Nacht im Betrieb gewesen, wie man mir sagte, für Rechnung eines griechischen Kaufmanns zu Suez. In der Stille der Nacht hörte ich, von meinem Lager unter freiem Himmel im Wàdi Ḳéne, jeden Meisselschlag und natürlich noch deutlicher jeden Sprengschuss. Trotz der grossen Zahl von Inschriften, welche Lottin de Laval aus dem Wàdi Ḳéne mittheilt (Pl. 17—23, 66, 80), decken sich doch die allerwenigsten mit den von mir copirten. Lepsius hat merkwürdiger Weise nur eine aus dem Wàdi Ḳéne aufgenommen.

645   דביר עמרו   *Gedacht werde des Amru*
             בר צַׄחבו   *des Sohnes des Dhahhaku?!*
             בשלם   *in Frieden.*

صَحِب] صَخِب häufig.

646   שלם תימעדית בר פצי   *Gruss! Taimʿadijjat (?) d. Sohn d. Fâsi*
             בטב   *in Gutem.*

תימעדית] nicht ganz deutlich: תימעדית?

647   שלם שעדאלהי   *Gruss! Saʿdʾalâhi*
           בר פצי בטב   *der Sohn des Fâṣi in Gutem.*

648   שלם אלכתיו בר ואלו   *Gruss! Alkutajju der Sohn des Waʾilu.*

649   שלם עבדאלהי בר יעלי בטב ושלם

Gruss! ʾA[b]dʾallâhi der Sohn des Jaʿli in Gutem und Frieden.

650   + K Mr₍₎θι ιι (?)   *Gedacht werde des . . . .*
       Κολοκερος.   *Kolokeros (?).*

651   שבמללהי בר ברה שלם

Šabmallâhi der Sohn seines Sohnes. Gruss!

שבמללהי] عَبْد. Das Mem ist vom Schreiber irrthümlich wiederholt worden, anstatt Aleph zu setzen. Auf wen das Suffixum in ברה sich bezieht, lässt sich nicht nachweisen.

652   × שלם ודו בר אשוד   *Gruss! Waddu der Sohn des Aswad.*

653   שלם אבנכלבו בר   *Gruss! Ibn-Kalbu (?) der Sohn des*
           אשו בטב   *Asu (?) in Gutem.*

Bei dieser schlechten Schrift lässt sich nichts Sicheres sagen.

654   שלם עלידו בר יכדאלבעלי בטב

Gruss! ʿUlaidu der Sohn des ʾAbdʾalbaʿli in Gutem.

עלידו] Vgl. 321 und ʾAleideh den Namen eines Beduinenstammes im S.-O. von el-ʿOela. Wäre der Strich des Lamed nicht über die Linie hinaufgezogen, so wäre ja עבידו näher liegend.

11*

655   שלם אצלהו בר א   Gruss! Aṣlaḥu der Sohn des A-
            באושו בטב   bu'auṣu in Gutem.

Nicht etwa ein Verwandter von אבדי בר אצדו in No. 250; der zweite
Name ist vielmehr אבאושו zu lesen.

656   שלם שעדאלהי בר שנרה ומישך בטב
L. 150;
Lepsius Gruss! Saʿd'alláhi der Sohn des Šimrikh, und Maškê (?) in Gutem.

מישך Ich dachte zuerst, es sei diess zu verbessern in דמשק (دمشقي);
allein das Waw ist sowohl bei Lepsius als auch bei Lottin ebenso unzweifel-
haft. Es muss also ein zweites N. pr. masc. sein, das mit dem ersten durch
Waw verbunden ist; keinenfalls kann darin die Mutter des Saʿd'allāhi gefunden
werden.

657   > דביר אישו בר עבדאלבעלי
            Gedacht werde des Auṣu des Sohnes des ʿAbd'alba'li.

658   Y שלם עבדאלבעלי בר עממו
            Gruss! ʿAbd'alba'li der Sohn des Amamu.

Vgl. 187, 188, 283.

659   שלם עליו בר שעדאלהי   Gruss! ʿAlíju der Sohn des Saʿd'allāhi
            בטב   in Gutem.

660   V שלם שעדאלהי בר בריאו   Gruss! Saʿd'alláhi d. Sohn d. Burai'u.

661   שלם   Gruss!
L. 17,2;
20,30   עודו בר   'Audu der Sohn des
            חרשו   Hirsu.

662   שלם בישלו בר   Gruss! Kauśalu der Sohn des
            אלגישו בטב   Algisu (?) in Gutem.

ובישלו N: Entweder zu تيس (syl نيس penis magnus) gehörig, oder zu
نيسة نيسة (dactylus vilis~ Qâmûs);

אלגישו vgl. 216 גרשו.

663   שלם עזדו בר שלמי   Gruss! 'Aïd̲a̲ de Sohn de Salma.

664   שלם חנינו בר זידו   Gruss! Hạninu des Sohn des Zaïda.

665   דכיר חלצת בר ואלד   Gedacht werde des Khalisat des Sohnes Wa'ïla.

666   שלם בניו בר עמרו   Gruss! Kû'nu? der Sohn des 'Amru.

(J. 182)

666   שלם אבי קימי   Gruss! Ebu-Kaima.

(J. 182) Vgl. 595.

667   דכיר זידי בר אלמבכרו בבב ובריך   Gedacht werde des Zaïda des Sohnes des Almubakkara in Gutem, und er sei gesegnet.

668   דכיר אבאיש ויודו ובריא בני חרתי בבב   Gedacht werde des No'aïsu und des 'Uï̈uda und des Bara'u der Söhne des Harisu in Gutem.

Vgl. 161 und 575.

669   דכיר חרתי בר כי פה   Gedacht werde des Harisu des Sohnes des Kaephah? ..

670   דכיר ואלי בר בראי בבב   Gedacht werde des Wa'ila des Sohn des Bara'a? in Gutem.

XV. Wâdi Maghârah

No. 671—674.

671   × שלם שעדו בר דכרו   Gruss! Sa'da de Sohn des Dakaru?

דכרו als N. pr. mir unbekannt.

672   שלם דכרו בר שעדאלהי
                    Gruss! Dakaru der Sohn des Sa'd'allâhi.

673   דביר הרישו בר תימאלהי [בטב]
                Gedacht werde des Harîšu, des Sohnes des Taim'allâhi in Gutem.

674   שלם גדיו בר בהגה   *Gruss! Gudajju der Sohn des Bahgah.*

XVI. El-Budrah

(No. 675—677).

Den Namen el-Budrah trägt eine Reihe trostloser Sandsteinberge zwischen dem Wâdi Maghârah und dem ans Meer reichenden Wâdi Schellâl. Kein
Wunder, dass in dieser futterlosen Gegend kaum ein paar Inschriften sich finden;
der Aufenthalt ist wenig verlockend.

675   שלם פתשו בר ודו בריך לעלם
                Gruss! Fâtiŝhu (?) der Sohn des Waddu; gesegnet sei er in Ewigkeit.

     ודו] N: wohl zu ‏ودّ‎, ‏ود‎ = ‏ودّ‎ gehörig.‘

676   גדיו בר · · · ·   *Gudajju der Sohn des . . . .*

677   דביר הנאיו בר   *Gedacht werde des Hanaî'u des Sohnes*
                           אוסאלהי   *des Aus'allâhi,*
                           שארא בטב   *des . . . . , in Gutem.*

     שארא] Von unsicherer Deutung. Man erwartet die Angabe einer Be-
schäftigung oder eines Standes.

Register.

I. Gebel Nâkûs 25. März 1889

²ᵃ ²ᵇ ²ᶜ

²ᵈ على بر احمد بر يوسك العواك بالله سو

ΔΑΜΑΘΚΥΟΣ ΠΑΠΑ ²ᵉ
ΙΛΜΕΣΙΕΡϹ ωϭΥΑΧΙ
1843

II. Wâdi Slê 27. März 1889

8 على ...

9ᵃ
b
c
d

10

11

Wâdi Slē'

12

13

15

14

III. *Wâdi Ledscha'*

16

23

17

24

18

25

19

26

20

27

21

28

22

29

ПTKN

BΛR ME *30*

CREDO IN UNUM *(Hagar Mün.)* 40
DEUM ET PROPHETAS
J. B. VINCENT
BESANÇON
9 MARS 1868.

W. Lédscha'

= 49

+ 50

СТЕΦΑΝΟΥ 56
ΜΟΥΊϹШΟΥ
ΙШΑΝΝΟΥ

= 51 (W. Mẹ̄a Igo. 153)

ΜΑΡΚΟϹ 52 ‖ ϥ Γ Ϲ Ν , 54 'ΑΒΑΒΙϹ 57
= 53 ‖ + Θ Ш Μ Α Ϲ + ᚑ ϹΑΒΙΝΟΥ
ΑΙΑΗϹΙΟΥ+ΘΕ···

ΕΟϹΜΟΔΙΕΡΟϹΓΑΡ 55

= 58   خليل

ΙΑΚΒ 59
ΒΑΡΧΤΗϹ
ΟΝΥΦΡΟϹ
ΓΕΩΡϤΙΟϹ
ΦΑΛΕΡΥϹ

= 60

= 64

= 61

= 65

= 62

W. Nakb el-hâwi

= 63

= 66

= 67

= 68

VII. *Wâdi Aleijât* 3. *April 89*

Wᵃ ᴬleijât

W. Hejjât

W. Hejjât

154 155 156 157 158 159 160 161 162ᵃ 163 164 165 166 167 168 162

W.? Hejjât

169
170
171
172
173
174
175
176
177
178

179
180
181
182
183
184
185

HPEL

W. Hejjât

W. Hlejjât

201

201ª

202

203

204

205

206

207

208

VIII. Wâdi Adscheleh 3+4. April 1889.

209

210

211

212

213

214

214ª

214ᵇ

214ᶜ

JE 1159.

W. Adscheleh

214ᵈ 220

214ᶜ 221 222

214ᵇ 223 223ᵃ

214ᵃ 224

214ˢ 225

214ʰ 226

214ⁱ 227

215 228

216 JNEOC 229 230

217

218 231

219

J.E. ¹/₁₂

W. ʿAdschelch

232
233
234
235
236
237
238
239
240
241
242
243
244
245
246
247
248
250
249
251ᵇ
251
252
253
254

ΜΝΗϹΘΗ
ΧΑΛΙΟϹΖΕ
ΔΟΥ

J.Eüⁱⁿⁱ

W. Adscheleh.

Original
nach
Straßburg
verbracht.
(J. E.)

W. Adscheleh

W. Adscheleh

IX Wadi Feran, sêl el-Heswéh, 4. April 1869

X. W. Feran, el Khattaîn 4 W. 89

W. Ferân, el Khamîn

317
318
319
320
321
322

XI W. Ferân, Sêl Nesrin +.w. 29

323
324
325
326
327
328 ΔΛCOPEOC
329
330
331
332
333 + يا ب ارحم مسالكلم
334 MIN4
335 TO?

j. C. 245.91

W. Feran Sel Nesrin

XII Wadi Mukatteb I 4. April 1889

W. Mukáttebi

Plate of Sinaitic inscriptions, nos. 375–391, including:

- 375, 376, 377, 378, 379, 380, 381, 381a
- 382, 383, 384, 385, 386, 387, 388, 389, 390, 391

Inscription 380 (Greek):

ΑΤω
S ϤΙΚΨΕ
ΕΛΕΙϹΟΝ
ΤѠΙΟΧΜ
ΑΔΑΟϹ
ΕϹΙ...

Inscription 389: Sulpis 1887

W. Mukâtteb i

392
393
394ᵃ
394
395
396
397
398
398ᵃ
399
400
401
402
403
404
405
406
407
408
409
411
412

VI. Mukâtteb 1

417 418 419 (L ini.) 420 421 422 423 (anders L A) 424 425 426 427 428 429 430 431 432 (L 55) 433 434 435 436 437

W. Mukatteb i

438
439
440
441
442
443
444
445

446
(L.68)
447
448
449
450
451
(L.70)
452
(L.78)
Grey 23
453

MNH 454
COH (L.64)
EPMHC
454²
(L.65)

455
456

W. Mukatteb'i

11. Mukatteb i

472

473

474

475

476

477

478

479

480

481

482

483
CO
HEΞBP

484

485

486
.IOƆ9Ǝ

487

488
OYPＴEOC

489

Il Mukatteb I

489

490

491

492

493

494

MOYCHC 495

496

497

498

499

500

501

NZTIPAC 502

503

504 (L79 L8)

505 (L79)

506 (L8i)

507

ΠΑΥΛΟC 508
ZAXAPIAC
BIKTWP

509

509a

IWB XOY IA 510
KW (L8)

MWYCH 513 (L873)
ΓΑΔΟC 514
OYPAII (L8i)

511 (L9i)

512

W. Mukátteb i

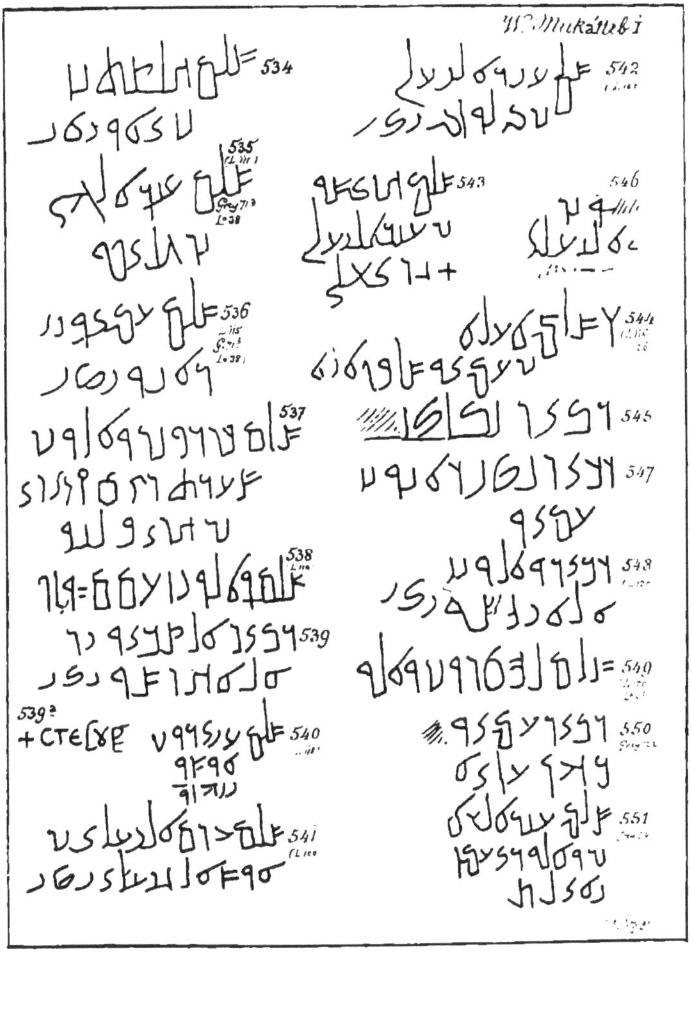
W. Mukatteb I
534
535
536
537
538
539
539a
540
541
542
543
544
545
546
547
548
549
550
551

W. Mukatteb I

Mukáttet I

571
572
573
570
574

XII Wadi Mukáttet II

576
575
578
577
580
579
582
581
583
584
585

يارب ارحم عبدك الحاج
كذا والناس راس عباس
حتم ىر عمان
ىار حم عبدك طالحكاه
عىمـ اىحو اىى عحمـ
ىر عمان و ارحم بارى والد
ازىها وما وا كراولاد لع ما
ابىهـ اىك سما عبد السكه ام
ااىح السول حصو والد......
......ىـ العالـىر

W. Mukátteb II

V 586   BA...OC 587 (Lin)

M

(//KYN·K·E

+AMEN

EICΘEΘCOBOHΘ

589

588

591

590

Beer Tab xg. B
CIG 4668ᴬ
Lep. 127
Gray 13, f
Forsh Usp p16

592

596

593

MNHCΘH AYCOC EPCOY
KAΛITAIOYMAP...

594

597

598

599

595

600

601

602

W. Mukātteb II

KAKON ΓΕΝΟCΛΟΥΤΟC 615
CTPATIωTHC ΕΓΡΑΨΑΤο
ΠΑΝΕΜΙ·ΧΙΡΙ
(nebst vielen griech. Namen)

J.E.1669i

XI. *Mukátteb II*

XIV. *Wâdi Kéne* 5 April 1889.

W. Chiene

648

649

651

652

653

650
+K MNHCΘΕΤΙ
ΚΑΛΟΚΕ
ΡѠC

661

662

663

664

665

666

666ª

667

654

655

656

657

658

659

660

W. Kéne 668 669

670

xv Wâdi Maghârah 5. April 1889.

671

672

673

674

xvi. el-Budrah 6. April 89

675 677

676

vi Wâdi Férân 2. Apr. 89

87ª

ΤΙΟΥΗΚΡΗΧΡΤΗΧΑΡΙΤΙCΟΥ·ΚΙΗΙ·

ΗΝΙΚΟΠΟΙΙΗΒΙΙΒΕΤωΝΑΓΙω·

Nabatäisch.

gewöhnliche Form | aus el-Hegr gr. Chr. – 79 n Chr.

Alphabet-Auszug aus den nabatäischen Inschri...

ca. 50 v. Chr. bis 500(?) n. Chr.

	Nabatäisch	Alphabet-Auszug
א		
ב		
ג		
ד		
ה		
ו		
ז		
ח		
ט		
י		
כ		
ל		
מ		
נ		
ס		
ע		
פ		
צ		
ק		
ר		
ש		
ת		

ı vom Sinaï.	nabatäische Übergangs-Formen zum arabischen.	älteste arabische Schriftformen.				
		Ssprach.inschr. v.Zoocá v.J. 512 v.Car.	griech.-arab. Inscr v.Harran 508 n.Chr.	Neskhi Pap.d.H.Kranz Nombacch	Neskhi Papyrus 750 n.Chr. Pal.S. Ausstl.2	Kûfi

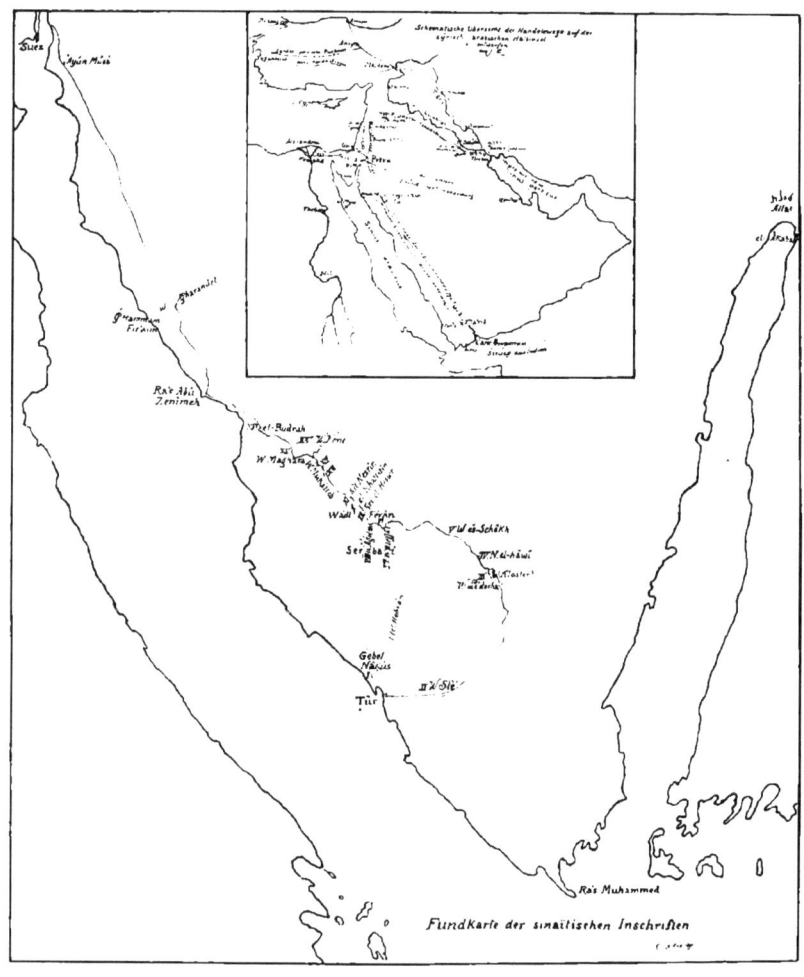

Fundkarte der sinaitischen Inschriften

Verlag von **Georg Reimer** in Berlin,

zu beziehen durch jede Buchhandlung.

Die im Commissions-Verlag erschienenen Schriften der Königlichen Akademie
der Wissenschaften sind vor dem Titel mit * bezeichnet.

M. Pf.

Acta nationis Germanicae universitatis Bononiensis ex archetypis
tabularii Malvezziani. Jussu instituti Germanici Savignyani ediderunt
Ernestus Friedlaender et Carolus Malagola. Cum quin-
que tabulis. Fol. 1887. geb. . . . . 38.—

Antike Denkmäler. Herausgegeben vom Kaiserlich deutschen
archäologischen Institut. Band I. Imp. Form.
Erstes (1886) bis fünftes Heft (1890). à 12 Tafeln mit Text in
Mappe. 1887—1891. . . . . à 40.—

Aristoteles Metaphysik übersetzt von Hermann Bonitz. Aus dem
Nachlass herausgegeben von Eduard Wellmann. 8. 1890 . . 6.—

Boeckh, A., die Staatshaushaltung der Athener. 3. Auflage. Herausgegeben und mit Anmerkungen begleitet von M. Fränkel. 2 Bde.
mit Boeckh's Bildniss. 8. 1886. . . . . 30.—

— Urkunden über das Seewesen des attischen Staates. Mit 18 Tafeln,
enth. die von L. Ross gefertigten Abschriften. Beilage zur Staats-
haushltg. der Athener. 8. 1840. . . . . 15.—

Bohn, R., Alterthümer von Aegae. Unter Mitwirkung von Carl
Schuchhardt herausgegeben. Mit 75 Abbildungen. 4. 1889. . 24.—

Boor, C. de, Vita Euthymii. Ein Anecdoton zur Geschichte Leo's des
Weisen A. 886—912. 8. 1888 . . . . 5.—

Diels, H., Doxographi graeci collegit recensuit prolegomenis indicibusque
instruxit. Opus academiae litterarum regiae Borussicae praemio
ornatum. Lex. 8. 1879. . . . . 24.—

— sibyllinische Blätter. 8. 1890. . . . . 2.80

Euting, J., Nabatäische Inschriften aus Arabien, herausgegeben mit
Unterstützung der königlich preussischen Academie der Wissenschaften. Mit 29 Lichtdrucktafeln. 4. 1885. geb. . . . . . 24.—

Exempla scripturae epigraphicae Latinae a Caesaris dictatoris morte
ad aetatem Iustiniani consilio et auctoritate academiae litterarum
regiae Borussicae edidit E. Hübner. Auctarium Corp. inscr. Lat.
4. 1885. geb. . . . . 46.—

Firdosi's Koenigsbuch (Schahname) übersetzt von Friedr. Rückert. Aus
dem Nachlasse herausgegeben von E. A. Bayer. Sage I—XIII.
8. 1890. . . . . 8.—

Friedländer, Jul., Repertorium zur antiken Numismatik im Anschluss
an Mionnet's description des médailles antiques. Aus seinem Nachlass herausgegeben von Rudolf Weil. 8. 1885 . . . . . . 10.—

Gerhard, E., Etruskische Spiegel. V. Band. Im Auftrage des Kaiserlich
Deutschen Archäologischen Instituts bearbeitet von A. Klügmann
und G. Körte. 1.—10. Heft. 4. 1884—90. . . . . 9.—

***Gräber, Fr.,** die Wasserleitungen von Pergamon. Vorläufiger Bericht.
Mit einem Beitrage von C. Schuchhardt. Mit 2 Tafeln. 4. 1888 2.—

Hoffory, J., Eddastudien. I. Theil. Mit 3 Tafeln. 8. 1889 . . . . 4.—

Jahrbuch des Kaiserlich deutschen archäologischen Instituts. 4.
I.—V. Band. 1886—1890. à Band (4 Hefte) . . . . 16.—
— — Ergänzungsheft I — s. Strzygowski, Calenderbilder.
— — Ergänzungsheft II — s. Bohn, Alterthümer von Aegae.

Inscriptiones Hispaniae christianae edidit Aem. Hübner adjecta
est tabula geographica. 4. 1871. . . . . 9.—

Verlag von **Georg Reimer** in Berlin,
zu beziehen durch jede Buchhandlung.

Die im Commissions-Verlag erschienenen Schriften der Königlichen Akademie der Wissenschaften sind vor dem Titel mit * bezeichnet.